CECILIA CONSOLO

MARCAS
DESIGN ESTRATÉGICO
DO SÍMBOLO À GESTÃO DA IDENTIDADE CORPORATIVA

Blucher

CECILIA CONSOLO

MARCAS
DESIGN ESTRATÉGICO
DO SÍMBOLO À GESTÃO DA IDENTIDADE CORPORATIVA

MARCAS: design estratégico. Do símbolo à gestão da identidade corporativa
© 2015 Cecilia Consolo
Editora Edgard Blücher Ltda.

2ª reimpressão – 2021

Blucher

Publisher Edgard Blücher
Editor Eduardo Blücher
Autora Cecilia Consolo
Revisão Mariana Góis
Projeto gráfico Cecilia Consolo
Diagramação Consolo & Cardinali Design
Edição de imagens Cecilia Consolo

Rua Pedroso Alvarenga, 1245, 4° andar
04531-934 – São Paulo – SP – Brasil
Fax 55 11 3079-2707
Tel 55 11 3078-5366
editora@blucher.com.br
www.blucher.com.br

É proibida a reprodução total ou parcial por quaisquer meios, sem
autorização escrita da Editora.

Todos os direitos reservados pela Editora Edgard Blücher Ltda.

Ficha catalográfica

Consolo, Cecilia
  Marcas: design estratégico. Do símbolo à gestão da
identidade corporativa / Cecilia Consolo. - São Paulo:
Blucher, 2015.
  168 p.

  Bibliografia
ISBN 978-85-212-0941-6

1. Desenho (Projetos) 2. Marca de produtos
3. Comunicação visual 4. Branding (Marketing) I. Título
15-0790   CDD 745.2

Índices para catálogo sistemático:
1. Design

Symbol.

*A Sign (q.v.) which is constituted a sign merely or mainly
by the fact that it is used and understood as such, whether
the habit is natural or conventional, and without regard
to the motives which originally governed its selection.*

C. S. Peirce (1902)

Sumário

PREFÁCIO por Fred Gelli 9

PRÓLOGO por Cecilia Consolo 13

INTRODUÇÃO 17

1 A EXPRESSÃO DA MARCA E A EXPANSÃO DO SEU SIGNIFICADO 25

2 A CONSTRUÇÃO DAS MARCAS: SÍMBOLOS E LOGOTIPOS 45

Os símbolos no código cultural 47

A herança da heráldica 52

A aplicação das 16 leis da heráldica para o design dos escudos
e a comparação com o design de marcas contemporâneas 58

Metodologia aplicada para o design contemporâneo de símbolos
e marcas 70

3 A SISTEMATIZAÇÃO DA IDENTIDADE VISUAL 75

Origem e esgotamento dos manuais de identidade 77

Análise crítica 82

A estrutura do manual de identidade corporativa 91

4 *BRAND BOOKS:* UM CAMINHO ABERTO 105

5 GEM: O GUIA DE EXPRESSÃO DA MARCA 125

A construção de um sistema de expressão 127

Modelo de gestão com acompanhamento sistêmico 135

REFERÊNCIAS 157

ÍNDICE DAS IMAGENS 165

Prefácio

Como cruzar os aprendizados das muitas horas de voo no mercado de trabalho com os mergulhos mais profundos e exploratórios de um doutorado?

Como fazer com que quatro anos de muito esforço transcendam as fronteiras acadêmicas e sejam usados como combustível para gerar impacto no mundo?

Parece-me que Cecilia Consolo encontrou boas respostas para essas perguntas neste trabalho surpreendente.

O tema: a força das marcas em seu significado ampliado como elemento central na gestão de uma companhia. A cada dia que passa, em nosso mundo super povoado de ofertas e estímulos, convites e provocações, as empresas que não conseguirem dar consistência às suas expressões em cada encontro com as pessoas têm muito pouca chance de conquistar um espaço na cabeça e muito menos no coração de quem lhe interessa.

As marcas deixaram de ser uma simples representação visual de uma instituição para serem a síntese dos significados por trás desta. Deixam de orientar a comunicação para orientar a corporação e passam a formar comunidades que compartilham uma visão em comum, criando um poderoso fluxo de mão dupla de geração de conteúdos, sem os quais qualquer intenção de diferenciação fica mais difícil de atingir.

Essa percepção ampliada da verdadeira complexidade de se desenhar uma marca ainda é tema de nossas defesas e apresentações para *prospects*, cada vez mais suportadas por dados concretos do mercado que mostram o impacto profundo que as "marcas fortes" representam nos negócios.

Infelizmente ainda encontramos interlocutores com a visão limitada de que uma marca é simplesmente uma colagem de curvas, retas, cores e letras que "plasticamente" devem estar em sintonia com as últimas tendências em estilos gráficos.

Na verdade, as marcas permeiam nosso imaginário referente a objetos, instituições e serviços e, principalmente, estão ligadas às escolhas que denotam nosso comportamento.

As marcas são a síntese do que acreditamos que uma empresa é.

Nosso interesse em nos relacionar, nos envolver e consumir seus produtos e serviços depende cada vez mais de uma identificação que surge da clareza de seu posicionamento como marca. Queremos saber quem estamos convidando para entrar em nossas casas, com quem iremos nos relacionar, nos comprometer, apresentar para nossos filhos, recomendar para os amigos.

Se no passado nossas relações com as marcas se resumiam a "comprar" ou não seus produtos e serviços, hoje, em nosso mundo hipermidiático regido pelo consumo, advogamos a favor ou contra, fazendo muitas vezes nossa opinião ressoar pelo mundo das redes sociais em uma escala difícil de imaginar em um passado recente. O "telhado das marcas" não é mais de vidro, agora é de cristal.

Qualquer diferença entre discurso e prática e entre promessa e entrega podem gerar impactos imprevisíveis na reputação e no bolso.

Além disso, no momento em que as outras áreas de conhecimento, como a Administração, a Engenharia, Tecnologia da Informação etc., estão incorporando o *design thinking* (modo de pensar do designer) como uma potente ferramenta para a gestão, é de extrema utilidade compreender a participação do designer como um importante membro da equipe, do *branding*, um "braço" da gestão, não mais visto como alguém responsável por questões estéticas, mas pela sua capacidade de enxergar e elaborar hipóteses e de ter a habilidade de transformar um arcabouço complexo de informações em sínteses.

Neste livro, Cecilia Consolo usa toda a sua experiência acumulada em mais de 30 anos como profissional competente na criação e gestão de marcas, com uma investigação cuidadosa e criativa sobre as origens e os aspectos simbólicos, estéticos e, acima de tudo, estratégicos do papel desses códigos expressivos em nossa sociedade.

Desse cruzamento surge um material de trabalho, um suporte poderoso para quem tem nas mãos o enorme desafio de criar e acompanhar marcas fortes, vivas e consistentes, que Cecilia chama de GEM (Guia de Expressão da Marca).

O GEM é uma ferramenta que não só permite uma visão sistêmica da gestão da marca como também propõe um método de monitoramento das decisões estratégicas e temporais da marca.

Como garantir sintonia entre corpo e alma, onde cada expressão, cada cor, cada tom de voz, cada ideia publicitária esteja em ressonância com a essência de sua marca?

Como reduzir o risco de construir marcas esquizofrênicas que tentam colocar no mundo expressões que não lhes cabem, querendo parecer serem o que de fato não são?

Como ampliar a percepção de valor do design e do *branding* como importantes ferramentas de inovação?

Como conseguir argumentos para defender para instâncias superiores da companhia a importância estratégica dos investimentos em uma gestão consistente da marca?

As respostas estão aqui, de forma clara, com exemplos estruturados e muita profundidade.

Use-as no seu dia a dia!

FRED GELLI

Fred Gelli, designer, ao longo de sua trajetória que teve início nos anos 90, conquistou inúmeros prêmios nacionais e internacionais, incluindo: *iF Design Award, IDEA – EUA, D & AD*, e do *Cannes Lions*. Sua mais recente conquista foi projetar a marca dos Jogos Olímpicos e Paraolímpicos para as Olimpíadas Rio 2016.

É cofundador e diretor de criação da Tátil, empresa brasileira de consultoria estratégica que usa o design como ferramenta central para criar conexões sustentáveis entre pessoas e marcas.

Em 2014, foi reconhecido como um dos 100 mais criativos do mundo pela revista americana Fast Company, enquanto sua empresa foi incluída no Top 10 das mais inovadoras da América do Sul. No mesmo ano, a revista *Época* nomeou-o um dos 100 brasileiros mais influentes. Desde o ano 2000, é professor na graduação em design da PUC-RJ, nas áreas de Ecoinovação e Biomimética.

Prólogo

Este livro é fruto da minha experiência como designer, estrategista e resultado de uma pesquisa que teve inicio em 2008, como parte de um projeto maior para minha tese de doutorado, que explorou a expansão do simbolismo das marcas e o papel que estas ocupam no cenário sociocultural.

Durante quatro anos consecutivos, a partir de critérios predefinidos, selecionei 420 marcas como objetos de análise. A etapa seguinte, no refinamento da pesquisa, elegeu-se dentro dessa amostragem, 275 manuais de identidade visual e 97 *brand books*, que apresentavam aspectos importantes na sistematização da identidade de marca, e, que de certa forma confrontavam as teorias que construí durante minha trajetória profissional. O doutorado foi um processo de estudo de caráter deontológico, onde me permiti questionar vários dogmas do design e finalmente chegar ao cerne da minha vocação.

Minha carreira profissional começou muito cedo. Antes mesmo de terminar meus estudos técnicos de 2º grau em Design de Comunicação eu já estava trabalhando na *J. Walter Thompson*, a primeira agência internacional a se estabelecer no país, e segui pelo campo da publicidade. Nas agências que trabalhei posteriormente sempre fiquei encarregada dos trabalhos institucionais das marcas. Em 1981 ingressei na graduação e mudei de lado, fui contratada pela multinacional americana Ideal Standard Wabco para atuar como designer na consolidação da identidade corporativa e na identidade visual dos produtos da empresa. O mesmo seguiu na *Duratex S/A*, na *Sommer Multipiso*, nas empresas do grupo *Dreyfus*. Sempre atuando na elaboração das publicações institucionais e na gestão da marca em todos os pontos de contatos, de *stakeholders* a consumidores.

Após 10 anos de carreira decidi abrir meu próprio escritório de design. Nesse momento eu e meu sócio, Luciano Cardinali, tomamos uma decisão estratégica: optamos ser um escritório dedicado e não uma empresa grande em tamanho, o que significaria nos dedicar a poucos clientes, mas de forma profunda. Tal decisão nos permitia continuar a fazer design literalmente, e também valorizar a experiência vivenciada do lado do cliente. Portanto, além do design pudemos acompanhar todas as estratégias de marcas que criamos e assistir a todos os acertos e tropeços decorrentes de sua gestão pelas equipes internas dos clientes.

As próprias empresas onde eu havia sido funcionária se tornaram nossos clientes. Elaboramos um sem-número de projetos de identidade corporativa e pudemos acompanhar por décadas a gestão de suas identidades visuais e corporativas. Alguns por 10, 15 anos outros continuam conosco até hoje, há mais de 25 anos. Nos mais de 30 anos do escritório acompanhamos várias tormentas pelas quais as marcas passam durante sua vida, e posso dizer categoricamente que um manual de identidade não é garantia para um projeto de identidade de marca ter êxito e não pode ser limitado somente a ele. Posso afirmar que as pequenas decisões diárias, tomadas no dia a dia da gestão da marca, têm um impacto muito maior a longo prazo. Portanto, todas elas devem ser cuidadas, devem estar embasadas em um propósito claro, introjetado por todos os colaboradores da empresa.

Na **Consolo & Cardinali Design**, desenvolvemos vários modelos de gestão até culminar com este que apresento no livro. Além de ser facilmente compartilhado e categorizável entre os vários profissionais envolvidos, não engessa a marca e permite incorporar as mudanças de cenário sem traumas, ou grandes paradas para revisão de todo o sistema.

Em 2006, fundei um escritório de consultoria, o **Lab Cognitivo**, com o objetivo de orientar clientes a fazer o mesmo, construir o hábito de monitorar suas marcas e saber extrair diagnósticos a partir da percepção dos consumidores sobre elas, e decidir com segurança quase que diariamente sobre estratégias adotadas e futuras.

Aplicamos no **Lab Cognitivo** as ferramentas que desenvolvemos durante a experiência prática no diagnóstico de marcas na atuação na *Consolo & Cardinali*. O design das marcas tem uma relação muito maior com o significado atribuído no processo de conhecimento do seu símbolo ou logotipo do que o design propriamente dito. O processo de reconhecer e atribuir significado ao símbolo é contínuo, ele não cessa no projeto do manual de identidade e necessita de acompanhamento.

Em relação ao design de símbolos, durante minha pesquisa foram selecionados 192 marcas, feitas por nosso escritório e por vários outros, cujo design e síntese visual colidem com os critérios de construção gráfica, desenho e concisão da forma que buscamos e sabemos que são eficientes.

Ao nos debruçarmos na história dos símbolos, iremos encontrar preceitos de "design" similares a estes, definidos há quase mil anos na heráldica medieval, adotados para as bases de construção dos brasões de propriedade.

Os símbolos apresentados nas páginas de abertura dos capítulos deste livro são alguns dos escolhidos e analisados durante a pesquisa, e estão aqui como exemplo de sua eficiência e capacidade de pregnância.

O bom desempenho do design desses símbolos ou marcas se mostraram eficientes em todos os pontos de contato, o que possibilita sua aplicação nos mais variados suportes e mídias, ampliando sua penetração em vários extratos culturais. Coincidentemente, essas marcas selecionadas são também líderes dos seus segmentos econômicos e amadas por consumidores e admiradores.

Durante minha carreira sempre construí uma ponte entre os estudos de base científica e a experiência conquistada no mercado como designer e gestora de marcas. Isso sempre me deu um embasamento particular e a segurança necessária para propor novas estratégias aos clientes, como também romper com certos padrões que são repetidos academicamente sem muita constatação prática.

A metodologia apresentada aqui é fundamentada por esses dois lados, o prático e o científico.

Espero que a contribuição deste livro seja uma ferramenta útil para estrategistas, gestores, empreendedores e designers, enfim, todos aqueles que em algum momento ocupam a função de gestores da identidade da marca.

Cecilia Consolo

Introdução

É comum hoje, em vários setores da economia, empresas que buscam o conhecimento em Design, para aliar sua metodologia na gestão de processos que lidam com as ambiguidades que ocorrem no mercado. A proposta deste livro é ampliar a visão sobre o design, e favorecer sua inclusão dentro dos departamentos de planejamento e estratégia das corporações. Só assim os projetos de marca serão mais efetivos e deixam de ser reduzidos a um projeto de estilo das aplicações gráficas do logotipo e demais elementos de identidade.

Por outro lado, a leitura deste conteúdo, mesmo sem conhecer design profundamente, favorece aos estrategistas de qualquer área conhecer subsídios teóricos, formais e, principalmente práticos, para poder acompanhar, desenvolver, efetivar e gerir marcas competitivas.

As marcas são parte da nossa dinâmica social, representam não só produtos como também atitudes. Cotidianamente, incorporamos as marcas em nosso discurso, no nosso repertório cognitivo, para nos referir ao mundo físico e social a nossa volta, como por exemplo: "Comprei o novo *Jeep*; me empresta uma *Bic*; por favor uma *Coca-Cola* gelada; passei na *Fnac* para comprar um *iPad* e depois fomos até a *Starbucks*".... e assim as marcas permeiam nosso imaginário referente aos objetos, instituições e serviços e, principalmente, estão ligadas às escolhas que denotam nosso comportamento.

A presença de determinada marca em uma embalagem acessa todas as informações construídas a respeito daquela instituição. Uma marca de produto aciona o conhecimento acumulado e a imagem percebida sobre determinada empresa ou produto. Um sinal de segurança ou advertência afasta-nos de um perigo eminente; ao mesmo tempo, a complexidade da vida social acaba por gerar novos símbolos e pode ampliar a significação de outros. Até há poucos anos um f minúsculo circunscrito em uma forma quadrada colorida de azul não significava nada, hoje o *Facebook* é o retrato da dinâmica social nas redes de relacionamento.

A identidade e reconhecimento de uma marca não consistem somente em um sistema visual concreto liderado por um símbolo ou um logotipo. A dimensão da comunicação da marca se aplica a todo sistema conceitual, estratégico e funcional que envolve a organização, e se bem realizada fará com que seu símbolo identificador consiga ser a chave de acesso de todo esse universo de conteúdos, produtos e atitudes que a representam.

Portanto, são pilares da marca a sua expressão visual reconhecível e a identidade no sentido mais amplo, não só nos aspectos visuais do seu logotipo como em todos os aspectos sensoriais e cognitivos[1].

É possível definir marca do ponto de vista do marketing, do *branding*, da publicidade, da economia e de vários outros campos nos quais esses signos são objetos de estudo. Pela abordagem do design, marca é o signo ou conjunto dos elementos visuais que representam uma empresa, instituição ou serviço, adotados como elementos identificadores, sobre os quais são depositados todo o imaginário construído a seu respeito. A compreensão dos conceitos da marca e sua identidade só é possível se ambos coexistirem.

Está sob o domínio do design a construção do símbolo, seu sinal identificador principal, até a sua articulação com todos os demais elementos que fazem parte do sistema de identidade e suas as funções. Para o designer que elabora um conceito e o traduz em um desenho, vários outros elementos também são fatores que, pensados dentro de uma mesma diretriz, compõem essa identidade, e são tão importantes quanto a assinatura visual. Como a assinatura sonora, os aspectos táteis e expressivos de todos os substratos adotados na comunicação, como o tom de voz e as demais formas que figurarão nos mais variados pontos de contato com os consumidores.

Uma questão torna-se primordial aqui, é preciso relembrar que a origem dos processos de comunicação e de documentação começaram por meio das inscrições de imagens na pré-história, muito tempo anterior ao aparecimento da escrita, por volta do ano 4000 a.C. Essas imagens, na origem de nossa civilização, muitas vezes foram registradas em cavernas; cada uma delas contava uma história e sua própria síntese refletia os processos cognitivos de apreensão da realidade.

Nossos antepassados da pré-história aprendiam os fatos através da conversão das suas experiências vividas em sinais pictóricos, que já se tratavam de sínteses visuais. Tais sínteses, por terem conexão com a realidade na qual grupos sociais estavam inse-

---

1 **COGNIÇÃO** [Do lat. *cognitione*.] Substantivo feminino. Aquisição de um conhecimento. Funções perceptuais e funções mentais complexas como a linguagem. O ato de conhecer inclui os domínios da atenção, percepção, a memória, o juízo e a imaginação e as interações entre as diferentes estruturas motoras, precisão de tempo e espaço em relação ao meio e às informações (GAZZANIGA, IVRY, MANGUN, 2006: 514).

ridos, formaram o repertório cognitivo dos povos que ocupavam determinados sítios, e passaram a ser repetidas como parte de uma linguagem, uma gramática rudimentar.

No estudo da literatura sobre o tema é possível afirmar que as imagens comunicam e são parte indissociável do constructo cultural, histórico e geopolítico de grupos sociais e civilizações.

Não só as imagens (pictogramas ou sínteses gráficas), mas também o conjunto de elementos compõem essa realidade, como cores, formas, modelagens, repetições e ornamentos, com base na realidade perceptível. Cada conjunto com sintaxe própria e sistêmica fornece um código de uma identidade visual em determinada cultura.

O que define um sistema gráfico como identidade é o código estabelecido com a composição dos seus elementos, principalmente quando a ordenação e a posição deles formam uma gramática específica, conjugada com características estéticas e cromáticas.

O processo de identidade se dá no reconhecimento e na consagração de determinados signos que mais caracterizam um grupo de indivíduos diante do seu uso sistêmico e, principalmente, na sua constância formal.

Quanto mais relevância e ressonância no processo cognitivo, maior a aderência e a permanência do uso desse sinal como signo visual identificador.

Assim, a síntese visual concentra uma gama profunda de significados, até mesmo subjetivos, e agrega os indivíduos de determinado grupo, ou audiência, em torno de um elemento unificador. Porém, a construção da identidade é um fluxo contínuo, em permanente construção, onde todos os objetos e artefatos materiais de uso cotidiano, associados às determinadas características da vida naquele meio ou clima, dentro de uma organização social, podem vir a ser apropriados novamente, ampliando o código, e nada impede que parte desse código possa ser apropriado novamente por outros grupos, como elementos de diferenciação.

Ou até mesmo podem ser ressignificados, quando novos fatos, como tragédias, conquistas, que se abateram sobre aquele grupo ocasionarem na apropriação ou introdução de novos signos, tornando o processo um fluxo contínuo de geração de significado e identidade. A dinâmica da cultura exige dos pesquisadores um olhar atento sobre o fluxo de informações que gerou identidades: se por um lado a consistência na manutenção de seus elementos identificadores gerou um repertório que faz parte do universo cognitivo de certos grupos, por outro, sua inconstância e, principalmente, a adoção de novos elementos podem alterar sensivelmente um sistema de identidade a ponto de dissolvê-lo, perdendo os pontos de referência com o imaginário construído e romper definitivamente os elos culturais.

Também é recorrente a constatação de falência de alguns sistemas de identidade rígidos, que foram projetados para dar maior longevidade às suas marcas e/ou símbolos, mas, na realidade, tal rigidez nos sistemas os levou, ou favoreceu a sua "quebra," por não absorverem a velocidade de mudanças na dinâmica da comunicação e não corresponderem mais aos vínculos de origem.

Hoje, questões de tempo, ritmo, velocidade e sequência fazem parte da ação projetual do designer de comunicação, em um mundo no qual as interfaces digitais mesclam-se com o mundo físico, onde a demanda e a oferta de informações são numerosas. Compete ao designer um pensamento sistêmico que atue na camada sociocultural, levando em consideração a percepção, a cognição e as tecnologias. Deve haver um raciocínio de como as pessoas se orientam, e como se dá a interação com as informações disponíveis em determinado contexto, ou em determinado fluxo de tempo em um mesmo espaço de convívio ou passagem.

Se, outrora, planejar as identidades poderia referir-se primordialmente ao desenho do símbolo, de peças gráficas ou informações pontuais em mídias físicas, visando capturar o olhar das pessoas movendo-se pelo espaço, agora quem se movimenta com fugacidade é a própria informação. As marcas ocupam espaços emocionais, e não somente racionais, além de serem um grande fator mnemônico e sensorial. Cabe ao designer, portanto, posicionar-se em estado de alerta para acompanhar a mediação entre os usuários e as interações estabelecidas com o repertórios simbólicos de bens e serviços, com os quais se relacionam. A amplitude e complexidade do campo de atuação requer um monitoramento constante.

Em relação à sistematização de um design de marca, atendendo à expansão do seu caráter simbólico e afetivo, o que se propõe é a marca permanecer fixa, e o sistema de uso sofrer constantes atualizações, ou seja, uma solução contrária à visão entusiástica de muitos gestores, os quais argumentam a favor do design das marcas sofrer adaptações constantes de desenho para atender à contextos diversos, e até públicos diferentes.

O acompanhamento dinâmico dos modos de expressão da marca permite uma comunicação alinhada com todos os pontos de contato que ela pode ocupar. A complexidade da sua expressão só tende a aumentar diante das possibilidades de uso e apropriações sofridas por parte dos usuários, e até pelos observadores da marca.

O sistema de identidade e comunicação propostos devem acompanhar a dinâmica social e cultural dos contextos nos quais a marca atua.

Há 50 anos, eram consideradas como pontos de contato de uma marca praticamente as aplicações gráficas, conceito que não encontra mais sustentação frente à expansão das novas plataformas e canais de interações sociais. É uma exigência atual um maior dinamismo nas definições de uso da marca, a atualização constante e até a reconceituação das formas de expressão nas diversas estruturas de comunicação.

A flexibilidade, ao contrário do dogma dos manuais de identidade, está na articulação do sistema, que propõe uma solução ideal para cada nova demanda de expressão da marca, sem alterar seus pilares de reconhecimento.

Tais demandas exigem equipes multidisciplinares envolvidas na gestão das marcas e principalmente no monitoramento de novas possibilidades de acordo com as transformações no comportamento e preferências dos consumidores. É um processo que não cessa nunca.

Uma marca precisa de acompanhamento diário, e todos dias são tomadas microdecisões estratégicas que impactam na marca e nos consumidores.

Nos capítulos seguintes são apresentados os processos e métodos de construção e monitoramento da identidade de marca. Os principais sistemas, como o manual de identidade e os *brand books*, são analisados e demonstrados os prós e os contras.

Para concluir a edição é proposto um modelo dinâmico de gestão, o GEM (Guia de Expressão da Marca), que monitora e acompanha a marca em seu posicionamento e durante sua vida, enfrentando oscilação e mudanças dos seus pontos de contato e até de perfil de consumidores e usuários.

O GEM auxilia o processo de gestão de uma determinada marca, nele é possivel monitorar e reconhecer a importância de cada disciplina envolvida e ver todas as etapas e fases da construção de uma marca. Foi estruturado a partir de anos de experiência acompanhando grandes marcas de empresas de grande e pequeno porte, cuja forma de acompanhamente era restrita aos manuais de identidade e onde todas as falhas foram vivenciadas.

A adoção deste modelo, entre as muitas possíveis a serem tomas no processo de gestão de marcas, é uma decisão estratégica, que pode abreviar o caminho do sucesso.

A expressão da marca e a expansão do seu significado

Se partirmos para buscar as origens do design de símbolos chegaremos até nossos antepassados, que viveram há mais de 20 mil anos, por exemplo nas grutas de Lascaux e Pech Merle, entre outras. Aqueles desenhos, para aqueles indivíduos, eram os registros gráficos de uma interpretação do mundo. Esse antepassados foram os primeiros a converter o mundo tridimensional em bidimensional, como também o espaço e o tempo na medida em que reduzem toda uma experiência vivida em uma cena. Alcançaram a competência de criar sínteses visuais. Esses desenhos são representações que codificam uma experiência de mundo e são deixadas como registros de memória e de existência.

Podemos até especular que a construção de determinados símbolos poderia ser bem anterior, com uso de objetos materiais, ossos, dentes e demais fragmentos dispostos em determinado local para sinalizar uma direção, uma reserva de alimentos, ou até mesmo para marcar um território. Até aí não temos muita diferença de outras espécies. Sabemos, por meio de estudos científicos, que várias espécies de animais enviam e recebem informações que envolvem os sentidos: visão, audição, olfato, paladar e tato. Muitos animais marcam caminhos, sinalizam depósitos de comida, retornam aos territórios para acasalamento e procriação etc.

A teoria vigente comprovada afirma que os humanos, com vida inteligente e organizada, foram localizados na África cerca de 200 mil anos atrás, antes de se espalharem pelo planeta nos últimos 100 mil anos. Como o cérebro não se fossiliza, só é possível analisar a sua evolução e sua capacidade intelectual pela série de artefatos, ferramentas e registros arqueológicos encontrados.

O *homo erectus,* há 1,8 milhões de anos, foi capaz de criar as primeiras ferramentas bifaciais, sugerindo que ele teve uma maior capacidade cognitiva em relação aos *Australopitecos.* Os *Homo heidelbergensis* existiram há 650 mil anos e possuíam um cérebro maior (capacidade craniana de 1.350 cm²) que o *Homo erectus* (o volume do cérebro tinha entre 800 e 1.200 cm²). Essa espécie foi capaz de produzir ferramentas eficazes (com múltiplos usos, incluindo o corte de pele, carne ou madeira), algumas eram feitas de pedras, tais como pontas de lança e flecha ou raspadores de madeira, de osso ou de chifre. Acredita-se que o fogo tenha sido utilizado nesse período, melhorando a variedade de alimentos, a sua conservação e, por sua vez, trazendo a melhoria das condições de vida na adaptação ao frio e aos períodos de escassez de coleta e caça.

O fato que nos interessa aqui, é que, diferentemente das outras espécies, o homem moderno, logo após o último período glacial, há aproximadamente 70 mil anos, começa a conhecer e entender os limites de tempo e espaço, e toma consciência da vida e da morte. Tal conhecimento desperta o desejo de registrar momentos vividos, suas crenças, conquistas. Essas inscrições são prova da evolução do raciocínio abstrato, demonstrando a capacidade de análise e reflexão sobre sua própria existência. A decorrência disso é a consciência da identidade, de ser um indivíduo único com experiências vivenciadas em grupo ou particularmente.

Os primeiros sinais produzidos foram traços retos, verticais, provavelmente feitos a golpes. Podemos supor que aqui nasce a necessidade de registrar

na página ao lado: Mãos em Cuevas de las Manos, caverna próxima à cidade de Perito Moreno, na província de Santa Cruz, Argentina. É um riquíssimo sítio arqueológico e paleontológico, datado de 14 mil a.C. As inscrições remetem a um ritual ou registro dos membros de uma tribo, primeiras impressões de identificação.

SINAL – tudo pode ser considerado um sinal, um galho partido, uma pegada, fumaça etc. Para o propósito deste livro, estão sendo considerados os sinais gráficos, visuais, perceptíveis à visão, produzidos intencionalmente como registro de identificação, propriedade e memória. Um sinal pode também tornar-se um signo em determinados contextos.

SIGNO – é tudo aquilo que está no lugar de alguma coisa para alguém, que representa um significado. Deve acontecer várias situações onde determinado objeto ou aviso significa algo acordado entre os membros de um grupo. Os caracteres dos sistemas de escrita são signos dentro de um processo de comunicação. Os pictogramas de segurança são signos dentro do nosso código de trânsito. No projeto de design para a construção da identidade corporativa, se referem aos elementos identificadores visuais, olfativos, sonoros e recebem tratamentos específicos quanto a sua formatação e uso.

os dias, a quantidade de animais abatidos, ou o número de membros de uma família ou clã. Esses mesmos sinais nada mais são que uma representação sintética de conceitos abstratos e passam a ter significado dentro daquele grupo. A combinação sistêmica desses sinais deu origem a todo universo de símbolos que conhecemos hoje, desde os sinais ligados à troca de mercadorias e à escrita, de sinais de orientação aos signos de propriedade.

Esses traços verticais e horizontais evoluíram para uma cruz, e as várias composições seguintes passaram a representar braços, pernas, homens, flechas etc. na tentativa de apreensão do mundo físico e das relações estabelecidas entre os indivíduos.

Os sinais gradativamente passaram a designar ofícios, guildas de trabalhadores, monarcas e impérios e se tornaram símbolos à medida que exerciam sua função de designação e eram reconhecidos pelos membros das sociedades envolvidas nessa dinâmica.

Um dos mais antigos símbolos é o de propriedade, posse, que provavelmente nasceu da necessidade de um indivíduo de uma mesma comunidade buscar alternativas para diferenciar as cabeças do seu rebanho com as do vizinho.

O sentido etimológico do termo **marca** deriva do germânico *marka* – que significa sinal e poderia designar tanto a ação de marcar como também o instrumento usado para fazê-lo.

Brand (substantivo) deriva da palavra nórdica *brnd,* que deu origem a *brand* do inglês antigo, que significava marcar o gado: gravar um símbolo a fogo no couro do animal.

Brand (verbo), *branded*, é identificado no inglês antigo, por volta do século XIV, com o sentido de estigmatizar, atribuir uma marca criminal, um símbolo ou sinal

SÍMBOLO – é o signo visual que representa e é reconhecido em determinada cultura. Apresenta um nome, um conceito e, ao mesmo tempo que apresenta características construídas, é também o polo no qual catalisa-se a simbologia percebida. No caso dos símbolos corporativos e ou marcas, é o conjunto principal identificador composto do símbolo mais o logotipo, ou mesmo quando o logotipo ou o símbolo figura de maneira individual, também é chamado de marca, dentro do sistema de gestão de comunicação. No projeto de design para a construção da identidade corporativa, são nominados especificamente, pois recebem tratamentos específicos quanto a sua formatação e uso.

MARCA – é um nome e pode referir-se à presença de determinado de produto, serviço ou instituição no mercado. Neste livro, o termo marca fixa-se no *naming* ou nos logotipos, que são os principais elementos identificadores de instituições, indústrias e serviços. São os elementos básicos que dão origem aos sistemas de identidade corporativa.

indelével atribuído a determinada pessoa atestando-lhe uma condição, gravando um sinal a fogo sobre seu corpo, ou mesmo o termo aparece como referente a ferimentos cauterizados.

Por volta de 1550 o verbo é usado para designar pertencimento, posse de propriedade, e amplia seu significado no final do século XIX para indicar a origem e atestar um caráter de prestígio para mercadorias e bens de consumo.

O termo **marca**, no sentido que conhecemos hoje, é decorrente do processo de industrialização. Manufaturas e cooperativas no final do século XVIII adotaram símbolos para identificar e diferenciar seus produtos. Na virada para o século XX, com o surgimento das empresas S.A. (sociedades anônimas), nas quais a propriedade era dividida em cotas entre vários acionistas, se tornou necessária a adoção de marcas de diferenciação e identificação. Até esse momento as marcas (nomes) eram os sobrenomes de seus proprietários, e muitas vezes o logotipo ou signo visual era a reprodução do monograma ou cunhado de forma caligrafica. No século XX as marcas adquirem o *status* de um importante ativo competitivo da empresa.

O ***branding*** é o processo de "marcação", gravar e manter a marca ativa na mente dos consumidores. As novas tendências do *branding* levam isso a sério, e toda a estratégia desenvolvida para efetivação da marca busca – nas acepções do *brand experience* – gravar seu significado na pele e na alma das pessoas.

O termo segue assumindo outros desdobramentos como, por exemplo: *brand awareness* — conhecimento e amplitude da marca; *brand name* — nome de marca, marca comercial, denominação comercial; *brand equity* — valor percebido e valor patrimonial da marca. E esta é uma das questões que ocupa lugar de maior importância para os gestores de marca, o quanto um produto tem seu valor ampliado sob a designação de uma determinada marca. Uma bolsa, por exemplo, pode ter como valor de comercialização o seu custo material e a mão de obra multiplicados por mil quando recebe o símbolo da *Louis Vuitton*. Aumentar o *equity* da marca significa lidar com a percepção de valor dos consumidores. O quanto um produto é percebido quando está sob uma ou sob outra marca.

Marca é também o **nome**, termo de designação pelo qual uma empresa é chamada e reconhecida. É o sinônimo da corporação a qual representa, chegando a valer muitas vezes mais que todos os ativos da organização. Um exemplo é a marca *Coca-Cola*: caso houvesse uma catástrofe mundial e todas as unidades fabris fossem arruinadas, ainda assim a corporação deteria um patrimônio ativo de aproximadamente 80 bilhões de dólares, o que lhe daria a possibilidade de recomeçar a sua produção em qualquer parte do planeta.

Entende-se também por marca o conjunto dos elementos visuais e verbais que compõem a identidade *master* de uma organização. A identidade **visual** pode ser regida por um símbolo, o signo visual, juntamente com um signo verbal, o logotipo. O logotipo é a forma gráfica, a característica tipográfica atribuída à palavra, ao nome. A marca de identidade visual pode ser constituída só de símbolo, ou só de logotipo, ou pode ser a soma de ambos. Essa expressão gráfica, visual, consiste **na marca da organização** e é passível de registro junto aos órgãos controladores.

Marca também é uma mensagem que exprime uma identidade, uma tomada de posição, a qual oferece uma promessa aos seus públicos de interesse, que é entregue por meio de produtos ou serviços. E seu reconhecimento cresce quando "a entrega" corresponde à promessa feita.

O termo marca é usado também como sinônimo dos produtos que carregam seu nome, é chave de ligação como tudo que conhecemos sobre determinada empresa. Quando uma marca já faz parte do nosso imaginário abrevia uma série de decisões na hora da escolha.

Produtos são "estigmatizados" pela marca. E aqui vale fazer uma menção: nem sempre a marca melhor conceituada possui o melhor produto. Para o público, a melhor marca é a mais conhecida e reconhecida. O consumidor escolhe experimentar uma marca, por sua fama, e tudo que foi construído na cabeça do consumidor, por anos de comunicação, o que pode ruir em segundos caso o produto não corresponda a sua expectativa. Por outro lado, uma marca que ficou conhecida por oferecer produtos de baixa qualidade terá que fazer um esforço

SISTEMA – é um conjunto cujos elementos têm sua definição, valor e significados atribuídos pela relação estabelecida entre eles. Do grego *sistemiun*, é um conjunto de elementos interconectados, de modo a formar um todo organizado.

O sistema é um conjunto de órgãos funcionais, componentes, entidades, partes ou elementos para um dado fim, ou uso. Em Sistemas de Identidade Corporativa o sistema pode ser definido como um conjunto de elementos interdependentes que interagem entre si com o objetivo comum de representar a entidade. Geralmente é composto por elementos materiais e conceituais, tangíveis e intangíveis que só são reconhecíveis dentro da lógica estabelecida entre as partes.

MARCAS DESIGN ESTRATÉGICO **A expressão da marca**

IDENTIDADE CORPORATIVA – é construída por três aspectos: O comportamento de seus membros e o desempenho organizacional; Seu sistema de comunicação; e por meio do simbolismo para os membros externos e internos.
É considerado em primeiro lugar o simbolismo e sua articulação no sistema, e como e quando esse sistema de identificação torna-se de reconhecimento na comunicação da marca.
A pregnância de signos visuais dá-se pela constância, pela significação e reconhecimento, somados às ligações afetivas estabelecidas nos grupos sociais, e o processo pode ser incorporado ou se expandir em outras culturas.
Quanto mais claro e coerente for um sistema e seus principais símbolos, mais impregnados a sua imagem e significados tornam-se na cultura (OLLINS, 2008).

gigantesco para perder esse estigma mesmo depois de oferecer produtos com qualidade superior. Portanto, uma coisa não está desassociada da outra. As marcas são reflexos de uma visão de mercado, de uma adoção de determinada postura ética por certa organização e encontra um campo fértil para germinação quando existe uma identificação e uma correspondência nas aspirações dos usuários.

As marcas tornaram-se catalisadores de comportamentos e fazem parte da vida e da história das pessoas, como também compõem o imaginário e a história de seus países. Atualmente, a cultura e poder de determinadas nações se misturam à imagem que suas marcas alcançam no cenário econômico internacional. Algumas marcas de corporações multinacionais chegam a ter mais força que seus próprios governos em seus países de origem, e extrapolam o vínculo puramente comercial nos países onde instala suas sedes. Com a multiplicação das plataformas e interfaces de comunicação, multiplicou-se a dinâmica que envolve todos os pontos de contato de uma marca. A construção do imaginário das marcas é afetada, e sua constante afirmação ou significação são potencializadas. Tanto na gestão como o seu sistema de identidade tornaram-se organismos "vivos".

As marcas romperam os limites de origem e passaram ser veículos de expressão da própria cultura. Estão cunhadas nos mais variados objetos de consumo, e muitos deles não têm relação alguma com a linha de produtos das suas organizações de origem, variando de peças de vestuários até objetos de decoração, simplesmente porque determinada marca é um signo que exprime uma ideologia, uma ideia, um comportamento a ser compartilhado. É adotada como signo que irá compor a identidade de alguém, usada como uma posição assumida ou como uma característica do consumidor.

Marcas se tornaram elementos indicadores da personalidade de determinadas pessoas em perfis próprios nas redes sociais.

Lojas experienciais, de conhecidas marcas de abrangência global como a loja da *M&Ms* em Nova York, vendem todo e qualquer objeto "grafado", desde o próprio produto até acessórios, pijamas, variando de dispositivos eletrônicos a brinquedos, e como essa, muitas outras proliferaram pelo planeta. Em lojas como essa se encontram produtos, que atraem públicos de todas as idades, convertendo-se em um grande *shopping center* para os aficionados de determinada marca.

Existem centenas de lojas temáticas de propriedade de marcas específicas, como exemplo as lojas da marca *Ferrari*, em uma de suas unidades os consumidores podem adquirir uma variedade de produtos, e não ter um só carro a venda. Podem jamais ter condições de adquirir um veículo superesportivo, como o modelo 599 GBT, mas desfilam orgulhosos vestidos com camisetas e jaquetas da marca e saem entusiasmados das lojas ao adquirir as miniaturas.

Reconhecidas por sua identidade global, algumas marcas passam a ser assimiladas por outras culturas e engrossam o "caldo" de significados. Também são tomadas, por outras sociedades, como referentes de uma determinada posição social, ou porque são signos de prestígio em culturas dominantes, mais abastadas. Usando ainda a marca *Ferrari*, sua escuderia na *Formula 1* atrai inúmeros fãs pelo mundo, que torcem pela marca e não pelos pilotos.

Algumas marcas são adotadas por exprimirem uma determinada ideologia e até mesmo por questões estéticas. Portanto, uma marca quando construída a partir de associações com sua origem geográfica, com eventos sociais, econômicos e históricos, são incorporadas em ritos e artefatos daquela cultura, porque são altamente valorizados e reconhecidos por seus participantes. Quando isso acontece existe aderência local, e sua propagação é rápida. A partir desse ponto novos significados podem ser atribuídos mais facilmente, e valorizados no complexo código cultural.

Os signos podem também ser resinificados. A suástica, por exemplo, é um signo milenar, também conhecida como cruz gamada e é encontrado em várias culturas diferentes, da qual foram localizados registros que datam de 3000 a.C. O símbolo ocorre em culturas asiáticas, europeias, africanas e até indígenas americanas como elemento decorativo, e muitas vezes como símbolo religioso.

É um símbolo sacro no hinduísmo, budismo e jainismo, e assume significados distintos, desde a representação dos quatro pontos cardeais até a noção de ciclo, o contínuo da vida, quando voltada para o sentido horário. Por ser um símbolo milenar, e estarem presentes em várias culturas que nunca tiveram contato, tornou-se um arquétipo facilmente assimilado, justamente por esse motivo os nazistas o incorporaram na construção da identidade do partido atribuindo-lhe um novo significado. Em decorrência desse uso, esse símbolo atualmente, principalmente para a civilização ocidental, assume a conotação de toda a crueldade do terrível período do *reich* alemão e da Segunda Guerra Mundial que ocorreu nas décadas de 1930 e 1940.

Determinados cruzamentos compõem os sistemas de identidades corporativas. A adoção de marcas nas relações sociais faz o signo transportar um significado expandido, que irá ampliar ainda mais ao transpor fronteiras territoriais e culturais, influenciando outros códigos e contaminando outras significações. Antes era obrigação dos gestores de marcas prever e antecipar a presença das marcas em todos os prováveis pontos de contato onde os consumidores poderiam estar no presente e no futuro.

A seleção de imagens demonstra várias tatuagens que ostentam marcas corporativas, de produtos a serviços, gravadas sobre a pele, de forma permanente. É uma forma de adoção da identidade da marca como parte de sua própria identidade.

Hoje, com dispositivos e recursos midiáticos, os indivíduos transportam imagens — as marcas pertencem mais aos consumidores que a própria organização a qual representa — chega-se ao ponto de serem "marcadas" na pele como construção da identidade desse indivíduo. As marcas (imagens) são reproduzidas à vontade e alcançam qualquer pessoa, onde quer que ela esteja, sem o menor controle da organização. E cada vez mais as imagens se tornam mais transportáveis. O rigor sobre os parâmetros de exibição de um conjunto de elementos gráficos ficaram vulneráveis.

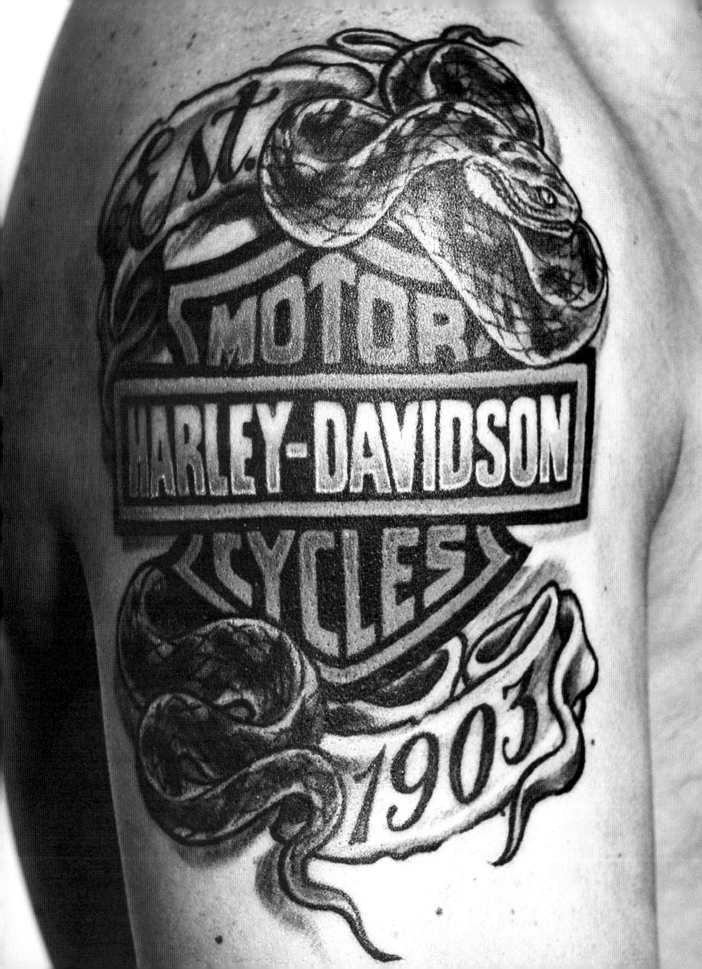

Agora, são os consumidores e o espaço social que se movem freneticamente, as barreiras das divisões políticas se dissolvem na mesma proporção, portanto a construção e a gestão do imaginário da marca é tarefa diária.

O símbolo ou logotipo prioritário tem que ser eficiente o bastante para fluir em todos os canais e meios e seu design ser adequado para poder segurar toda a carga de significados que é atribuída sobre ele.

O processo de eleger uma retórica e tentar desenhar algo que represente um sem-número de conceitos é um equívoco, pois ninguém saberá o que há por trás daquele sinal. Um símbolo significa o que ele representa e sua eficiência está na sua capacidade de ser aprendido, memorizado, identificado em meio a um oceano de marcas.

É um fluxo intermitente, o maior desafio está na articulação dos elementos de diferenciação, e na geração de uma gramática que reforce seus significados.

O processo de identidade jamais cessa, é um fluxo contínuo da vida coletiva, gerado a partir da comunicação e cooperação entre indivíduos em determinado espaço social e temporal, que se transforma, se aprimora, e se preserva, em constante diálogo com o passado ou no encontro com diferentes grupos.

Marca só existe quando há um sistema organizado, onde todos os fios se entrelaçam e formam um "tecido". Maleável, ajustável, sim, mas deve abarcar todo o repertório simbólico, cultural, material, sensorial e econômico que uma marca "abrange". A falta de uma "amarração" no sistema esgarça o tecido e deteriora a percepção da marca, mesmo que esta mantenha constante presença na mídia.

Nesse momento, entra a questão da legitimidade. O consumidor ou usuário não quer ser "seduzido" e se sentir manipulado ao reconhecer que a "promessa" da marca não corresponde à realidade. Tal constatação é uma sentença de morte para a marca. As organizações precisam transmitir seus valores e propósito muito claramente, não deixando dúvidas sobre seu posicionamento.

As marcas catalisam e transmitem os valores econômicos, éticos e morais que alicerceiam as corporações, e a transparência para com os usuários deve ser verdadeira e contínua, pois a economia muda, os interesses variam e as pessoas transitam em vários cenários culturais diferentes.

O signo de ligação com o universo da marca deve ser usado com muita consistência para ser reconhecido e incorporado na história pessoal de cada consumidor. O que deve estar em constante atualização **é a forma de comunicar.**

A **cultura** é a plataforma sobre a qual as marcas são desenvolvidas. Debruçando-se sobre a história e na análise das representações simbólicas, reconhece-se que as marcas de identidade sempre estiveram presentes na cultura de determinados grupos sociais. Todos os signos visuais relacionados com poder, posse e prestígio são percebidos como elementos identificadores e geralmente são construídos a partir de referências locais.

A partir do uso, novos vínculos podem ser atribuídos a um signo visual dentro da dinâmica social, ampliando o imaginário e o repertório formado a seu respeito, e até mesmo influenciar as construções simbólicas posteriores a ele, por outros grupos com os quais estabeleceram contato.

A observação da evolução do desenho de sinais até o design das marcas corporativas, e seus sistemas, permite-nos concluir que, apesar da aparente contemporaneidade do desenho, muitas estruturas têm vínculos com signos ancestrais, com estreita conexão cultural no contexto em que se inseriram pela primeira vez. Isso faz determinados símbolos serem identificados e reconhecidos naturalmente, e outros não.

Muitos símbolos, geralmente frutos de inspiração e criatividade, apesar de esteticamente interessantes, envelhecem rapidamente, ou esmaecem em meio a tantos outros signos, necessitando de redesigns constantes, pois, desde o princípio, estabeleceram laços mnemônicos frágeis, construídos sobre histórias fictícias, sem lastro na realidade das pessoas. Essas marcas perdem aderência facilmente e são obrigadas a se reapresentarem, decorrido determinado período de tempo.

O projeto de marca envolve a compreensão e monitoramento constante dos seus canais de expressão, na inclusão sistêmica de todos os novos pontos de contato que são travados e na revisão dos itens de comunicação anteriores, acompanhando as mudanças sociais e de mercado, pois, somente com a consciência do trajeto percorrido, e dos novos vínculos emocionais e culturais que se formam, é que podemos desenvolver assinaturas sensoriais relevantes

A IMPORTÂNCIA DO DESIGN NA ARTICULAÇÃO DO SISTEMA: O PENSAMENTO ESTRATÉGICO

Além de acompanhar toda a estratégia, esse monitoramento em simultaneidade com a evolução da marca favorece a ampliação de uma maior contextualização do seu universo. A coesão entre a marca, o histórico e o imaginário sobre determinada organização e o que ela representa compõem o alicerce no qual se constrói a identidade, tendo em mente a premissa de que haverá geração de novos significados ao longo do tempo.

Muitas empresas começaram como pequenos negócios familiares e através de gerações evoluíram a grandes empresas. Exceto as grandes corporações, poucas começam com planos visionários de crescimento já estruturados, muitas empresas simplesmente "acontecem" devido a vários fatores, como um aproveitamento de uma abertura em novos setores da economia ou na expansão de outros, ou mesmo por lançarem produtos que caem no gosto da população e se tornam ícones, ou por estarem no lugar certo e na hora certa. Muitas nem sequer vingam após um ou dois anos da abertura, ou são reflexo de uma febre passageira. Porém, uma coisa é fato: em todos os casos, cada um desses negócios precisa de uma identidade de marca, e quando é construída na base da formação da empresa, essa identidade ajuda na estruturação do negócio, favorece um entendimento sobre o posicionamento adotado ou a falta dele. O design de uma marca começa no **plano de negócios**.

Diferentemente de como esse processo acontece no mercado, desenhar uma marca ou um símbolo não se trata de folhear anuários de logotipos, como fonte de "inspiração", e nem seguir a última tendência sobre estilos gráficos e tipográficos. É justamente o oposto, começa na definição do propósito, na *master idea*. Esse conjunto de signos deve capaz de "carregar" o propósito.

A ***master idea*** é base do pensamento estratégico que define o proposito de uma organização. Geralmente nasce de uma paixão, de uma vontade de fazer a diferença. É inspiradora, agrega e mobiliza pessoas em torno da oferta de um produto ou serviço que realmente proporcione uma melhoria na vida das pessoas. Na essência, o **propósito é a ação,** o processo, e não necessariamente o objeto. Podemos citar como exemplo o Google. Desde o início a *master idea* foi **organizar a informação mundial e torná-la universalmente acessível e útil**. O posicionamento frente a tal pretensão é declarado no *slogan* – ***Don't be evil,*** em português "*Não seja mau*" – que reflete uma visão ética sobre a condução da ação e o tipo de possibilidades que podem surgir pelo caminho. A decisão estratégica foi a escolha da plataforma digital como meio racional e factível para sua viabilização. Os constantes aperfeiçoamentos e investimentos em tecnologia são decisões **táticas** para realização das operações no presente com foco nos desdobramentos no futuro. Toda a infraestrutura da organização, monitoramento de processos e equipes são parte das decisões operacionais.

O propósito do Google não termina, torna-se cada vez mais sofisticado a partir do momento que todos aderiram a ele. É atemporal e transformador. Justamente estamos falando da marca mais valiosa do mundo até o momento.

Propósito é saber claramente o que se pretende oferecer e enxergar as possibilidades de evolução e no futuro. **Posicionamento** é a escolha de como fazê-lo e diferenciá-lo dos concorrentes e similares. Propósito é único e não muda, já o posicionamento, sim.

Estratégia deriva do latim *strategum,* que por sua vez do grego *stratègós*. O termo de origem militar designava o líder ou general do exército, que analisava o campo de batalha e tinha a capacidade de mudar de caminho, ou tática, à medida que os eventos aconteciam. Isso significa que somente a partir da visão panorâmica do cenário, da movimentação de cada uma das partes, é possível tomar decisões.

Infelizmente, muitas empresas foram e são constituídas visando somente lucro sobre a venda de determinado artefato ou *commodities*, na qual o objetivo é simplesmente o ganho de capital. Nesse formato, a natureza do negócio é limitada e facilmente copiada ou mesmo substituída por uma oferta melhor. E diante da velocidade do fluxo das informações, o fator de novidade que possa ter é facilmente superado, condenando esses empreendimentos a uma vida muito curta.

O cenário está em constante movimento, e, cada vez mais rápido, o *gadget* do momento que emprega tecnologia avançada será brinde daqui a cinco anos. Os padrões de consumo, ou mesmo o que é considerado padrão muda a cada nova geração, e hoje já se considera o prazo de 15 anos de uma geração para outra e não mais 25.

O modelo clássico de trabalhar para frente a partir das decisões tomadas no passado não se aplicam mais. Antes de focar nos pontos de diferenciação, uma marca deve se focar em demonstrar seu ponto de vista. Não mais a declaração da missão apontando os produtos e serviços que pretende oferecer e sim uma declaração porque a organização é necessária, porque a sua existência tem relevância para a sociedade.

A primeira etapa da construção do **pensamento estratégico** é a **conceituação** ou a definição de um propósito, sobre o que fazer e para quem. A estratégia é responsável pela gestão da marca em longo prazo e por decisões que se relacionam com uma visão global daquele negócio, ao pensar simultaneamente no presente e no futuro, sendo rigorosamente analítico no presente, compreendendo como a marca transita no tempo e no espaço e na cabeça das pessoas. Nesse processo estão envolvidas as áreas administrativa, financeira, jurídica e o *branding*.

As **táticas** (uma estratégia pode abarcar várias táticas) são parte integrante do **planejamento estratégico**, ou seja, são as ações de médio prazo que abrangem cada unidade específica da organização relacionadas com a viabilidade, racionalidade, recursos materiais e financeiros e que envolvem o "como fazer". São tomadas de decisões departamentais relacionadas com as áreas de produção, finanças, marketing e de recursos humanos da organização.

Pensando na esfera produtiva, estão o design, a engenharia e a gerência de produção, responsáveis pela "entrega" dos bens e serviços definidos a partir da natureza do negócio. Os líderes das áreas de administração, marketing e proteção legal da empresa devem estar em consenso para que as ações de produção correspondam à promessa da marca.

Apesar das marcas extrapolarem o universo de seus produtos, elas só atingem esse patamar de referêncial cultural quando a oferta cumpriu a promessa e se mantém em constante sintonia com as expectativas de seus usuários.

O marketing não é mais o responsável por colocar a marca no mercado pela ótica de vendas, sua atuação se concentra nos usuários, como estes adquirem, usam e pensam a marca. Por isso, o marketing incorpora ou atua em paralelo com a área de publicidade e propaganda e relações públicas.

Os departamentos de design e de tecnologia de informação são responsáveis por estruturar complexos sistemas de informação e por torná-los disponíveis, navegáveis e acessíveis a todos os níveis de usuários e *stakeholders* que se relacionam com a marca.

E, por fim, a etapa **operacional**, que são as áreas responsáveis pela execução das operações cotidianas da organização, que respondem às solicitações estratégicas e táticas de curto prazo. Geralmente, respondem pelas tarefas pontuais mantendo o foco na orientação geral do sistema. A expertise de determinadas competências é de vital contribuição para um resultado de excelência e para realmente efetivar todas as diretrizes estratégicas. Muitas vezes as organizações presumem ser um luxo desnecessário e algumas tarefas não são encaminhadas ao profissional especializado. Estas acabam sendo realizadas por um funcionário interno, de uma área próxima, e o resultado nunca é igual ao realizado por um profissional que domina e conhece todas as variantes que tal atividade pode apresentar.

Na última década, foi cunhado um termo para designar uma nova área de atuação, o ***design thinking***. Trata-se de incorporar aos setores administrativos das organizações, a competência inerente ao profissional de design, competência que faz parte de sua formação e vem sendo aprimorada por décadas. Todo projeto fundamentalmente de design é um projeto de *design thinking*.

O termo está sendo aplicado em outras áreas ou profissões, quando o método de elaboração do designer é apropriado para diagnosticar novas possibilidades ou resolver um problema, portanto, um projeto conduzido pelo designer está subjugado ao seu método de raciocínio. Esse método, por sua vez, é investigativo, e incorpora as necessidades do usuário já na fase inicial do projeto.

Design, no sentido profundo da atividade, é sempre estratégico, visto que o termo incorpora o sentido de finalidade.

O design tem como objetivo central identificar problemas e necessidades, e propor melhorias, facilitar as interações do homem em relação ao meio. Pode o design ampliar nossa capacidade manual através do desenvolvimento de ferramentas, ou pode o design ter como premissa a facilitação, a interação ágil entre os indivíduos por meio do desenvolvimento de novos sistemas, ou dispositivos, que frente às constantes inovações tecnológicas e midiáticas são repensados sistematicamente. Sendo assim, o **designer** é o profissional preparado para a criação e desenvolvimento do design das marcas e seus sistemas simbólicos. O processo de trabalho envolve empatia com as necessidades dos usuários, metodologias para traçar o maior número de hipóteses possíveis, elaborar suposições, revogar parâmetros, explorar e analisar probabilidades para convergir em uma síntese. O projeto de design é a resposta a um problema apresentado com uma visão de um futuro possível.

O modo de pensar do designer é agora valorizado e introduzido no mundo empresarial, não com o objetivo exclusivo de gerar novos produtos, mas na gestão dos negócios, como busca de formulação de questionamentos através da apreensão dos fatos, informações e simbologias, em evidência ou não, entre os usuários e das comunidades envolvidas, coletadas no universo das corporações. A inovação guiada pelo design recebe hoje o nome de ***design thinking*** e utiliza ferramentas próprias do design.

O *design thinking* é introduzido como uma potente ferramenta para o *branding*, que é o "braço" gestor da organização no qual o posicionamento, a missão e os valores são relativizados com a promessa e percepção da marca, bem como de todos os produtos e serviços que são representados por ela. A gestão da marca já esteve incorporada no marketing, no departamento de Comunicações e de Desenvolvimento, e até junto ao departamento de vendas e administrativo. Trata-se agora da definição de uma área responsável pelo alinhamento corporativo, que procura transformar a marca no principal ativo da empresa. O *branding* ideal prega uma liderança compartilhada por vários setores, da engenharia de produção ao departamento de comunicação, mas é aconselhável que a consolidação das decisões esteja nas mãos de um gestor ***designer thinker.*** Tanto pela sua capacidade de elaborar e testar e confrontar hipóteses como pela sua visão sistêmica e capacidade de transformar conteúdos complexos em sínteses. A forma peculiar de pensar o projeto em design, que permeia todas as categorias da profissão, é o raciocínio abdutivo.

A abdução é um raciocínio distinto da indução e da dedução.

A dedução parte de um fenômeno ou ponto de vista já conhecido e tido como verdadeiro para demonstrar que essa razão se aplica a todas as situações similares, ou seja, a partir de um princípio geral chega-se à explicação de um caso particular. Por exemplo, se conhecermos as leis da física, deduziremos as leis no movimento de qualquer corpo no espaço.

A indução realiza um caminho contrário ao da dedução. Com a indução, partimos de casos particulares, iguais ou semelhantes, e tentamos estabelecer ou encontrar o denominador comum que estaria presente e justificaria todos eles. As características divergentes seriam descartadas.

A abdução é uma modalidade de inferência ligada à intuição. Onde o conhecimento é construído por etapas, sendo ele confrontado e validado a cada nova conclusão. O designer analisa todas as possibilidades, desde a interpretação racional de sinais, de indícios, de signos até aspectos culturais e socioeconomicos. Diferente da dedução e indução onde buscamos a comprovação a partir do que já sabemos, a abdução favorece a descoberta daquilo que está encoberto, tendo como ponto de partida que o objeto da busca é desconhecido.

São características dos ***designers thinkers*** colocar o ser humano como centro de sua atenção e procurar identificar suas necessidades, e se possível antecipar-se a elas. Possuir uma visão holística sobre as ações e contextos, tratando os problemas de forma sistemica, apresentando respostas que envolvem diversas combinações de soluções. Possuem a capacidade de questionamento sobre suas próprias decisões, e extraem potentes *feedbacks* na observação diária do comportamento dos usuários. Esse é o motivo do design estar ligado diretamente à inovação. Na velocidade que o cenário muda e as aspirações dos consumidores se transformam na mesma velocidade, é vital a inclusão do designer nas esferas de gestão, pesquisa e planejamento estratégico.

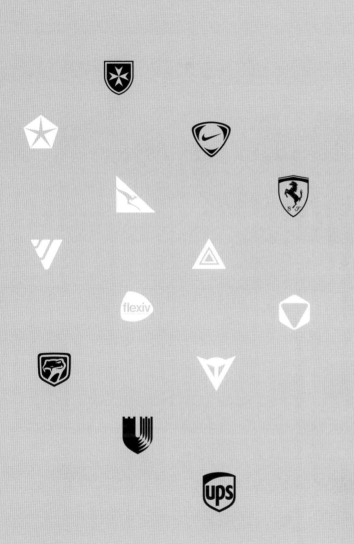

2

A construção das marcas: símbolos e logotipos

OS SÍMBOLOS NO CÓDIGO CULTURAL

Símbolos e logotipos fazem do parte do cotidiano e da cultura, basta um minuto de observação sobre nossas roupas, acessórios e bolsas que portamos, e reconheceremos mais de uma centena de marcas identificando produtos, serviços e organizações que adotamos.

Um símbolo é capaz de acionar todo um repertório de experiências relacionadas à organização que ele representa, tanto na concepção material dos produtos ou serviços que ela oferece como também sendo a chave de acesso para as acepções sensoriais e intangíveis relacionadas com a imagem mental formada a seu respeito, ou seja, a imagem simbólica. A construção dessa percepção só é positiva quando o sistema de identidade corporativa projetado está todo atrelado ao conceito estratégico e posicionamento da marca, garantindo que todos os "suportes" do sistema estejam contribuindo para sua construção da identidade. O manual de identidade de marca ou *guideline* foi concebido como uma ferramenta para orientação e monitoramento da expressão visual dos seus signos de identificação pelas equipes gestoras da marca. Nele são previstas e detalhadas todas as partes operativas de um sistema de identidade. O sistema, na realidade, só é eficaz quando as especificações denotarem uma lógica interna e podem ser claramente explicadas. A interação entre as partes do sistema visual deve ser apreendida naturalmente pelos publicos de interesses da marca mas acontece quando há consistência em sua implementação.

Com o sistema posto em funcionamento, a imagem da marca começa a ser formada na mente dos públicos relacionados. As alterações em relação a novos posicionamentos ou novas necessidades mercadológicas, culturais, econômicas e sociais influem na estrutura do sistema, favorecendo uma revisão, sempre que necessário, tanto na linguagem gráfica como nas próprias estruturas.

Porém, sem negar à marca o seu papel como elemento identificador principal, a construção de seu imaginário não se limita só ao signo visual principal e não é mais de responsabilidade exclusiva do designer gráfico. Hoje as marcas são reflexos da dinâmica social e econômica. Sua gestão envolve também estratégias de administração, marketing, comunicação, psicologia social, além das questões inerentes ao design. Todos os materiais e suportes carregam significados construídos por meio dos seus usos e das relações estabelecidas nos meios culturais. Todos os elementos que compõem um sistema de marca, ou mesmo os periféricos, emitem, cada qual a sua maneira, uma mensagem e são um veículo de comunicação. A decisão por um suporte de impressão ou por outro deve ser estratégica, pois os substratos e toda organização do sistema são os meios nos quais apoia-se a identidade visual.

Como apresentado no capítulo anterior, os processos de comunicação são evolutivos e carregam, a cada novo avanço, a "memória" dos sistemas que o precederam. O processo cognitivo, de conhecer e reconhecer um símbolo, está apoiado nas relações e laços afetivos estabelecidos com o universo cultural onde estão inseridos. Símbolos de identidade são construídos e solidificados na sucessão de fatos históricos, independentemente de seu uso se particular, militar ou institucional.

Para ilustrar essa questão podemos recuperar o caso particular dos *tartans* escoceses, ainda em uso. *Tartan* é o nome dado aos pesados tecidos confeccionados em tear com fios de lã de carneiro onde seu uso é mais conhecido a partir do século XI.

Ilustração do período Vitoriano apresentando um cavalheiro do clã dos MacLachlan portando traje completo com o tartan.

Os fios de lã eram tingidos na Idade Média com corantes naturais extraídos de verduras, flores, algas, conchas, alguns minerais e até insetos encontrados na região. Durante a tecelagem, adotavam-se como padronagem listras paralelas e em sentido cruzado, formando a base de um xadrez.

O mais antigo *tartan* foi encontrado na Europa no ano de 230 d.C. em uma escavação próxima a um muro erguido pelos romanos no sul da Escócia. O pequeno pedaço de tecido de lã foi usado como uma rolha em um pote de barro contendo moedas de prata. Apresentava uma coloração com dois tons de amarelo e um marrom. Ele não havia sido tingido, as cores eram decorrentes do uso de lã de carneiros com pelagem em várias cores, provavelmente a técnica do xadrez era uma forma de lidar com fios de cores diferentes.

O prefixo *mac* indica "filho de" e, com o aumento da população não era mais possível nominar todos claramente, por isso, a partir do século XII, as famílias adotaram um sobrenome fixo. Geralmente a escolha recaía sobre o nome do fundador do clã, o nome de personagens com destaque da cultura celta, como poetas, músicos ou o nome do líder da comunidade. A princípio, começou com as posições sociais mais altas e continuou sendo incorporado por toda a sociedade naturalmente até o século XVIII. É um equívoco comum pensar que aqueles que carregam um sobrenome do clã automaticamente descendem do seu chefe.

Os *tartans* compunham o vestuário diário, e a padronagem era livre, não obedecia a qualquer código. Os combatentes em batalhas reconheciam-se não pelo *tartan*, mas pela fita colorida e pelo ramo de planta que cada combatente havia adornado no seu *bonnet*. Documentos comprovam que os antigos Celtas costumavam usar calças coloridas e capas presas ao ombro com um broche em 100 a.C. O código identificador era vinculado à vegetação nativa dos territórios que os clãs ocupavam.

Nas batalhas durante os séculos XVII e XVIII, *tartans* foram usados por formações militares escocesas. E, como um sistema organizado não pode existir sem comunidades também organizadas, é provável que haviam artesãos encarregados do tingimento dos fios e da tecelagem dos *tartans*, de acordo com a localidade e com os corantes que aquela região geográfica propiciava. O tecelão dependia muito de plantas locais para a produção dos seus corantes, isso poderia muito bem ter alguma relação com as cores e padrões de *tartans* homogêneos, que eram usados pelos membros de clãs de regiões próximas.

Outro marco importante na história do *tartan* foi uma grande rebelião que terminou com a Batalha de Culloden, de 16 de abril de 1746, na qual o católico Charles Edward Stuart, aspirante ao trono de Inglaterra, foi definitivamente derrotado pelo exército formado por jacobitas e pelos soldados recrutados nas *highlands* (zonas católicas) escocesas. Nessa batalha, o *tartan* mais comum usado foi o *black watch*, xadrez duplo que era composto de verde e azul escuros.

Em 1747, a Inglaterra, tentando desarmar e anular os laços de reconhecimento entre os clãs, promulgou uma lei de proscrição aos escoceses na qual foi proibido o uso de *tartans*. Durante a proscrição *tartans* foram recolhidos, mas estes tinham mais a ver com uniformes regimentais do que com quaisquer padrões mais antigos, porém isso contribuiu para se estabelecer uma forte relação entre *tartan* e a identidade de clãs. A proibição só aflorou a cultura dos *tartans*, organizaram-se sociedades formadas por *highlanders* em Londres em 1778, e em 1780, em Edimburgo. Quando as leis foram revogadas, em 1782, houve um ressurgimento do nacionalismo escocês e esforços para restaurar o espírito e a cultura *highlander*.

Em 1822, na ocasião da visita do rei George IV ao castelo de Edimburgo, os chefes dos clãs, como uma forma de afirmação do povo escocês, obrigaram todos que participariam da cerimônia a usar os *tartans* de seus clãs; caso contrário, estariam impedidos de comparecer.

Da noite para o dia o *tartan* tornou-se popular, e as famílias, que provavelmente nunca tinham usado *tartans*, e até tinham suas desavenças com os *highlanders,* tornaram-se possuidores orgulhosos de *tartans* familiares.

Outro grande impulso para o *tartan* veio da rainha Victoria e seu consorte, o príncipe Albert, quando da construção do castelo Balmoral, que seria a residência de verão para a família real em Deeside, na Escócia.

O príncipe Albert projetou para a ocasião e decoração da residência o *tartan* Balmoral. Com o padrão foram forrados pisos e enfeitadas sala após sala, consolidando o suntuoso estilo vitoriano.

Em 1860 foram inventados os corantes químicos, e cada família escocesa tentou resgatar e identificar especificamente seu clã de origem. Com uma maior variação de cores disponíveis para as composições dos xadrezes, proliferaram novos padrões. Nos últimos 50 anos o *tartan* passou a ocupar um lugar único na história da indústria têxtil e se tornou, junto com outros elementos da cultura celta, que foram romanticamente resgatados como a gaita de foles e o *kilt,* signo de identidade cultural da nação escocesa (ZACZEK E PHILLIPS, 2004).

Assumimos como solução para o design de marcas uma síntese gráfica, que ao identificar seu percurso cultural enxerga sua origem nos escudos medievais. Além dos fatores simbólicos em termos gráficos, o escudo (arma) cria uma relação de proteção para seus sinais mais importantes, que semanticamente foram transferidos para as marcas. O resgate desses princípios de composição, e principalmente a introdução da cor nos sistemas de comunicação da identidade merecem sem observados como parâmetros ancestrais para o design de marcas corporativas contemporâneas.

A grande contribuição da heráldica nos sistemas de marcas de identificação foi a introdução das cores como um dos códigos semânticos do sistems com a função

MARCAS DESIGN ESTRATÉGICO **A construção das marcas**

AS CORES – SUA CODIFICAÇÃO NO SISTEMA HERÁLDICO

As cores na heráldica são chamadas de esmaltes. Na descrição e designação dos escudos, eram adotados como "nome" de metais o ouro e a prata, fazendo referência ao material em que o escudo era produzido. Provavelmente na confecção dos escudos esses nomes fazem referência ao latão e, respectivamente, ao estanho ou ferro. As demais cores eram obtidas a partir da mistura de esmaltes produzidos com resinas e minérios à disposição dos artesãos. Outro fato importante em relação aos escudos é que para todas as cores foi criado um padrão gráfico que a representava quando o escudo era esculpido sobre pedra ou madeira. Dessa forma o escudo poderia ser "lido" e reconhecido mesmo sem a presença das cores. A versão "traço" de cada uma das cores permitia também a composição de uma versão tridimensional quando fosse necessário esculpir o escudo. Comparado ao sistema de criação de marcas, era o equivalente a se projetar uma marca a cores, ter sua versão a traço e a sua versão emboçada

1. Ouro/Or/Gold (metal) nas edições ilustradas era representado pelo amarelo. Quando gravados ou esculpidos em superfícies, era representado por um campo com pontos alinhados, intercalados e equidistantes.

2. Prata/Argent/Silver (metal) nas edições ilustradas era representada pelo branco. Nas superfícies era representada por um campo liso.

3. Vermelho/Gueules/Gules/Rosso (esmalte). Nas superfícies, era representado por linhas verticais equidistantes.

4. Azul/Azurre (esmalte). Era representado por linhas horizontais equidistantes.

5. Preto/Sabre/Noir (esmalte). Nas superfícies, era representado por linhas horizontais e verticais cruzadas e equidistantes.

6. Verde/Vert/Sinople (esmalte). Nas superfícies, era representado por linhas diagonais voltadas à direita.

7. Púrpura/Violeta (esmalte). Nas superfícies era representado por linhas diagonais voltadas à esquerda.

8. Laranja/Aurore/Soloil (esmalte). Nas superfícies, era representada por linhas verticais segmentadas intercaladas com pontos. Alguns heraldistas apresentam um laranja mais claro e rosado e o nomeiam de carnação (cor de pele).

9. Marrom/Tawny/Tanné (esmalte). Para alguns heraldistas, significava mouro, moreno. É uma cor resultante da mistura do verde e do vermelho. As marcas de desonra geralmente são apresentas no laranja e no marrom. Nas superfícies, era representado por linhas diagonais voltadas à direita e cruzadas com linhas verticais equidistantes.

de identificação e reconhecimento imediato. No sistema que compunha a identidade do cavaleiro, como o escudo, indumentárias, bandeiras e todos os acessórios sempre prevalecia uma ou duas cores. Os sinais cromáticos mostraram-se mais imediatos e eficazes nos campos de batalhas, onde o combate era corpo a corpo, e muitas vezes os oponentes usavam armaduras idênticas. O elemento identificador era o próprio escudo no qual as cores foram incorporadas de forma pragmática com uma função visual e simbólica para uma comunicação não verbal. A partir desse momento, as cores permaneceram presentes e como elemento conceitual em todos os sistemas de marcas, nas bandeiras oficiais e em várias mídias que se seguiram.

Além do caráter funcional do escudo, a composição gráfica e a adoção de determinada cor era pelo seu simbolismo e pelo seu conceito, por exemplo, não se escolhia entre o escarlate ou o carmim, a cor adotada era o "vermelho", um vermelho abstrato, o signo "vermelho". Cada artesão adotaria a nuance que fosse mais conveniente e de acordo com os pigmentos e resinas à sua disposição. A cor era também escolhida pelo seu caráter simbólico dentro daquela cultura e manteve-se em constante adaptação nos séculos seguintes.

Durante a Idade Média poderiam ser encontrados escudos sem figuras e sem símbolos ligados à nobreza, bravura, honra, mas não havia um só escudo que não adotasse uma cor como elemento identificador.

A HERANÇA DA HERÁLDICA

Na Idade Média a heráldica constituiu um código de comunicação e se tornou uma ciência que auxilia o entendimento da própria história. A utilização de determinados símbolos como marcas de identidade de indivíduos, famílias, tribos ou clãs é um fenômeno universal, e as mais remotas encontradas datam dos anos 883 a 859 a.C., entre os assírios (RAPELLI, 2005).

Emblemas proto-heráldicos podem ser identificados em selos de cera ou chumbo, em sinetes na Mesopotâmia e são encontrados entre os sumérios, e entre outras culturas em diversas ornamentações, como na cerâmica da Grécia Antiga, ou nas tumbas egípcias, por exemplo. Essas imagens se assemelham às usadas nas armas medievais, mas não constituem a origem da heráldica. A referência de sua origem nas Cruzadas também não encontra mais sustentação. Documentos atestam registro de jogos militares com combates entre cavaleiros em Estrasburgo no ano de 842 a.C.; porém a primeira cruzada só ocorreu em 1097. Nesses combates os cavaleiros já eram identificados por seus escudos e cores na cobertura dos cavalos.

A heráldica medieval promoveu uma gramática na qual os símbolos são uma parte do sistema. O sistema heráldico medieval europeu difere de todos os outros sistemas de emblemas civis e militares, anteriores e posteriores, devido ao seu conjunto de regras que estruturou uma gramática de linguagem visual onde todos poderiam "ler" o código. A sociedade feudal construiu um sistema de comunicação visual em conexão com a organização sociopolítica da época.

A palavra heráldica deriva da palavra *heraldus* do latim medieval e significa "proclamador", que designava o funcionário da corte responsável pelo anúncio de torneios, guerras e títulos honoráveis e, principalmente, por conceber e designar os brasões. Em português, heráldica pode ser traduzida também como armaria, ou parassematografia, e também refere-se à arte de formar e descrever o brasão de armas.

A brasonagem é o sistema heráldico construído a partir de figuras e cores organizadas no interior de um escudo, de acordo com uma série de convenções, princípios e regras.

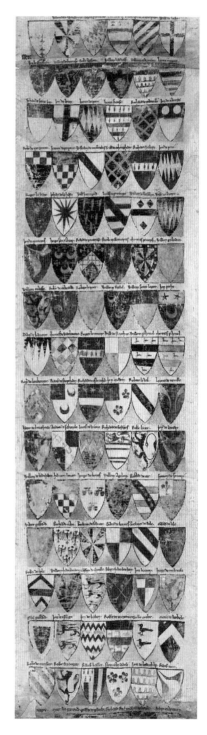

The Dering Roll é um armorial, o mais antigo preservado. Produzido entre os anos 1270 e 1280 d.C., foi composto por quatro pedaços de pergaminho com 325 escudos pintados e mede aproximadamente 264 cm X 21 cm. British Library, Rolo 77720.

O código medieval elegeu **o escudo como objeto identificador principal** de todo o sistema de armas, que incluía o brasão completo[1], no qual o escudo era o elemento central. O que nasceu como um elemento identificador militar também passou a ser um elemento de identificação e de reconhecimento do indivíduo e de suas posses.

Com a sofisticação do sistema, a partir do século XI um mesmo escudo identificava o indivíduo, a sua origem familiar, os seus direitos hereditários, sua posição social, suas propriedades e domínios de territórios, bem assim a origem do que era ali produzido. Mais adiante a heráldica foi aplicada em todos os estratos da organização social, do monarca à identificação de corporações de ofícios, grêmios e artesãos, bem como nas hierarquias vitalícias do clero e outras estruturas de poder.

Na história dos signos de identidade até então, os simbolos gráficos de identidades poderiam conter aplicação de cores, mas não eram vinculadas ao conceito da forma e não eram relevantes, podendo ser substituídas por outras. Somente a partir do século XI as cores passaram a compor a gramática visual dos escudos e um código a ser decodificado.

Os sistemas desenvolvidos na Idade Média para o uso de cores chegaram oficialmente até o presente por meio das bandeiras e dos brasões de armas dos países, ambos desenvolvidos até o presente dentro das diretrizes das normas heráldicas.

Um brasão de armas é um conjunto de regras, repertório de figuras e um código cromático, acrescido de ornatos, dispostos no campo de um escudo, e/ou fora dele, os quais formam uma gramática que representam as armas de uma nação, país, estado, cidade, de um soberano, de uma família, de um indivíduo, de uma corporação ou associação (PASTOUREAU, 1996: 43).

A sociedade feudal era uma estrutura composta por inúmeras pequenas células, onde territórios eram demarcados por castelos e pertenciam aos senhores feudais, que possuíam seus exércitos e convocavam milícias quando necessário. Disputas aconteciam a todo tempo na busca por conquistar mais territórios. A sucessão e o direito aos títulos de nobreza e de posse das terras eram atribuídos somente ao primogênito, o primeiro herdeiro na linhagem de sucessão que herdaria as terras e o título de nobreza, cabendo aos demais irmãos ocuparem um posto nas suas tropas ou assumir uma vida eclesiástica. A única chance de mudar a sina imposta pela sociedade eram os torneios. No século X os torneios de cavaleiros tornaram-se jogos militares, nos quais as tensões

---

[1] O brasão completo, no qual o escudo era o elemento central, incluía: a armadura, o elmo, o paquife, a cobertura da cavalaria, as lanças, as espadas, estandartes, e até o uniforme dos escudeiros.

de poder eram rivalizadas e favoreciam também a oportunidade de ascensão social aos não "titulados", pela possibilidade atribuída aos vencedores da obtenção de título como prêmio e, consequentemente, ter a chance de pertencer a uma nova linhagem pelo matrimônio. Uma donzela da aristocracia era normalmente atribuída como recompensa ao vencedor de um torneio. Os torneios eram a grande arena do jogo social, na qual a aristocracia podia ver e ser vista e tornaram-se parte da vida do cavaleiro. A evolução das técnicas de guerra e armamentos fez do uniforme de combate, a armadura, pouco a pouco evoluir para uma total cobertura do corpo e do rosto do cavaleiro, apagando a sua identificação. O sistema heráldico não só permitia um código visual que o identificava, como também carregava a simbologia sobre sua origem, posse e posição social. As pesadas armaduras de ferro cobrindo toda a face e o corpo exigiram a criação de um sistema ordenado de imagens como um meio de identificação e comunicação. Cada cavaleiro adotava os símbolos de identificação e cores ao feudo a que pertenciam. Nos primeiros torneios somente membros das nobres linhagens poderiam participar, a identificação adotada era com as cores e os símbolos de suas famílias na indumentária, e o escudo era do senhor feudal. Com o tempo, foi necessária a formatação de um código mais preciso de hierarquia e de poder. Os torneios aconteciam em arenas ao ar livre e eram vistos das arquibancadas. A cavalaria medieval era essencialmente uma cavalaria pesada, e seu papel era enfatizado como uma tropa de choque. Para os jogos, cada cavaleiro apresentava-se com armadura completa, lança, espada, escudo, cavalos, escudeiros e vassalos. Nos primeiros torneios não havia uma ordem clara na sequência dos combates e os sangrentos duelos aconteciam simultaneamente, tornando vital a identificação das equipes. E sem uma clara identificação do cavaleiro, irmãos poderiam estar usando os mesmos símbolos e cores de suas famílias e serem confundidos em uma revanche. Foi nesse momento que o escudo adquiriu papel central no sistema, ele passou a identificar não só a família mas também a ordem sucessória dos irmãos.

Contudo, alguns dos brasões de nobreza herdados por transmissão familiar eram muitas vezes reduzidos ao uso exclusivo dos escudos, podiam também identificar uma propriedade, uma tropa ou uma elite de cavaleiros, bem como, mais tarde, até uma associação de trabalhadores vinculados a determinado patrono (CONSOLO, 2012).

Ao fazer uma análise dos princípios de **brasonagem**, dos escudos medievais, é possível identificar importantes preceitos de desenho e de composição cujo emprego favorece a construção de símbolos que correspondem a uma série de quesitos ainda presentes nas marcas contemporâneas, como a necessidade de visualização a distância, diferenciação cromática dos oponentes, isolamento da forma, síntese formal, predominância de uma cor máster, capacidade de fácil memorização e possuir a qualidade de ser reproduzido nas mais variadas superfícies. Tais diretrizes de desenho correspondem ainda às necessidades intrínsecas das marcas contemporâneas e podem ser resgatadas como um dos princípios metodológicos no design de marcas e símbolos contemporâneos.

Muitos escudos medievais chegaram até o presente adotados por marcas corporativas e, como marcas, cumprem com eficácia seu papel de signo de identidade, e seus designs mantêm-se eficazes ao serem aplicados até nas mais diversas plataformas digitais e veículos de comunicação contemporânea.

Durante a Idade Média, para evitar que houvessem escudos em duplicata ou muito similares e também para manter a representação de hierarquia social da época, as monarquias locais criaram um cargo oficial para a criação dos brasões e designar o desenho de cada escudo. Os **arautos**[2] passaram a reger todo o sistema no qual cada cavaleiro estaria identificado. Eram genuínos profissionais de armas e formavam o Colegiado de arautos, responsáveis por organizar também torneios, e até mesmo anunciavam decisões sobre guerra e demais proclamações reais.

Na Idade Média os arautos promulgaram **16 leis** (PASTOREAU, 2008), algumas delas demonstram claramente sua pertinência, e provavelmente elas foram elaboradas em confronto com os êxitos obtidos no desenvolvimento dos símbolos da heráldica. Podemos constatar que alguns desses preceitos estão ainda presentes em muitas marcas, como os limites gráficos e a própria forma em escudo, tratando esse signo como um elemento de defesa e guardião da instituição que ele representa. É possível que se tenha absorvido tais preceitos heráldicos inconscientemente, pela permanência desses símbolos ao longo do tempo e ainda presentes no cotidiano.

A recuperação da estrutura básica que regeu o sistema de armas medieval é significativa para nos propiciar o entendimento de como determinados símbolos que foram concebidos na Idade Média puderam resistir a tantos séculos sem alteração em seu desenho, e ainda são aplicavéis nos mais diversos suportes contemporâneos, quando

---

2   Arauto: [Do francês: héraut <latim medieval: heraldu <frâncico: heriald, "funcionário do exército">].
Nas monarquias da Idade Média, os oficiais organizavam os torneios, eram responsáveis pelo cerimonial, anunciavam lutas, os nomes dos participantes, anunciavam até a genealogia das famílias nobres. Como funcionários da corte, faziam as proclamações solenes, conferiam títulos de nobreza e determinavam a escolha dos elementos e a composição dos escudos, bem como registrar todos os escudos no Armorial, o grande livro das armas.

símbolos recém-criados sofrem constantes redesigns para poderem acompanhar as mudanças tecnológicas, como, por exemplo, ser aplicável em uma tela de *smartphone*.

A composição do escudo ou seu design devia ser forte o bastante para que a sua simples descrição pudesse diferenciá-lo de todos os outros. É importante destacar que o sistema de armas era **relatado verbalmente** pelos arautos, para depois serem "brasonados". Os arautos anunciavam a descrição a partir de parâmetros estabelecidos para o claro entendimento do escudo, seguindo suas "leis" e regras de composição.

A arma estaria efetivamente apta se pudesse ser desenhada corretamente apenas por ouvir sua descrição. Fatos que comprovam essa teoria são os próprios livros de registros de brasões, muitos não contêm alguma imagem, somente descrições: eram chamados de **Armoriais**[3].

Na Idade Média, no momento em que o território Europeu Ocidental começa a ser dividido e disputado entre os senhores de terras e a aristocracia hereditária do sistema feudal, fortalece-se e torna-se imprescindível a identificação de terras, propriedades e feudatários. A heráldica, da Europa medieval, nasce de uma ação coletiva, a partir de uma sociedade em reorganização política, empregando o uso organizado e codificado de símbolos para a identificação de suas posses ou de suas posições hereditárias na aristocracia, entre os anos 1120 e 1150 d.C.

Durante os 500 anos subsequentes, os brasões de armas dominaram toda a hierarquia política e social, difundindo um código claro de comunicação visual. Com a Revolução Francesa, o código dos brasões e a importância da heráldica como ciência foram relegados, sendo associados pela maioria da população como uma cultura pertencente aos regimes monárquicos, aos quais a população tentava se libertar.

Na França, após a instauração da república em 1792, novos conjuntos de símbolos foram empregados, principalmente usando elementos populares desvinculados da heráldica precedente. O galo, por exemplo, tornou-se uma figura nacional, representando o anúncio de novos tempos. Porém, em 1808, Napoleão reabilitou o uso das armas e brasão na sua campanha para a conquista de um império, e, na sequência, passou a desejar sua própria identificação de nobreza imperial. Napoleão adotou a águia como signo do seu brasão, inspirado nos símbolos do Império Romano.

Os heraldistas do Império de Napoleão projetaram na época um sistema que identificaria com precisão a função de cada membro do seu exército, mas não durou muito

---

3 Livros físicos de registro dos brasões e famílias, chamados de "Armoriais". O Armorial é o documento de referência oficial da heráldica, onde todos os brasões nele contido foram definidos e autentificados por arautos.

tempo. Em 1814, Louis XVIII pôs fim aos sonhos do primeiro Império e restaurou o antigo sistema heráldico, só que com regras menos rígidas. Desde esse momento, cada nobre ou instituição, pessoa física ou jurídica, estavam livres para adotar os símbolos de sua escolha e fantasia, a partir de uma só condição: não usar jamais os signos heráldicos de outros (PASTOUREAU, 1996). Nesse momento se fixaram as novas bases da heráldica, as quais permanecem em uso até hoje na Europa, e foram herdadas pela maioria dos países do continente e das Américas.

A heráldica é um complexo sistema de regras de composição e de subdivisão da área dos escudos, para gerar sistemas de identificação singulares, derivados a partir da união matrimonial de várias famílias, ou mesmo de territórios. Foi um código que ocupou toda a Europa ocidental e se mantém até hoje na identificação de países e territórios, órgãos de estados, instituições públicas e principalmente regendo o código de construção das bandeiras oficiais.

Mesmo respeitando toda a gramática do código heráldico, era possível desenhar brasões muito complexos, contendo uma somatória de partições, linhas de divisão, figuras e mobílias, que resultava em uma composição saturada, complexa, difícil de comunicar a posição do identificado. Com as novas organizações sociais esse sistema caiu em desuso, mantendo-se somente na esfera da administração pública dos países. Mas vale ser revisto como um passo na direção de uma metodologia para o desenho de símbolos eficientes.

A APLICAÇÃO DAS 16 LEIS DA HERÁLDICA PARA O DESIGN DOS ESCUDOS E A COMPARAÇÃO COM O DESIGN DE MARCAS CONTEMPORÂNEAS

1ª LEI: Não se deve colocar metal sobre metal nem cor sobre cor.

Havia uma limitação técnica na época na manipulação de esmaltes[4], a pintura dos escudos era feita com tinta sobre o metal ou madeira. A primeira lei sugere uma definição de cores e seus encontros bem limitados, provavelmente para conseguir definição na área ocupada pela cor. Este também é um dos princípios básicos que ainda são con-

---

4 Os escudos, além de símbolos de identidade e posse, eram também armas de defesa pessoal. Confeccionados com madeira, couro e metal (geralmente ferro ou uma liga de latão). Podiam ser totalmente em ferro ou estruturados em madeira e revestidos com metal e até peles. O metal branco representava a prata, e o dourado, o ouro. As cores, chamadas de esmaltes, eram aplicadas sobre os metais.

siderados para que um símbolo seja aplicado nos mais variados suportes e superfícies, por meio das mais variadas técnicas de impressão, recorte, corrosão etc. Apesar dos avanços tecnológicos dos equipamentos e processos de impressão digital, determinados símbolos ficam limitados apenas a poucas técnicas de impressão sem a necessidade de sofrer uma alteração brusca em sua estrutura gráfica.

É fato que as técnicas de digitalização de imagens permitem a manipulação dos arquivos e rapidamente a conversão de suas cores. Entretanto, as marcas estão muito mais presentes no cotidiano e muitas vezes uma reinterpretação cromática, ou de síntese, pode alterar sensivelmente o conceito original e muito no aspecto formal. Por exemplo, no caso de uma marca, com composição de várias cores e uso de efeitos gráficos como *dégradés* que acaba sofrendo desmembramentos em versões adicionais, muitas vezes a segunda versão é significativamente diferente da original, sendo planejada para o seu uso com cores sólidas. Tal solução, desenvolvida muitas vezes posteriormente, visa garantir a aplicação da marca em todos os seus pontos de contato. Seria uma melhor proposta desenvolver um símbolo que suporte quamquer aplicação sem depender de adaptações ou versões específicas.

2ª LEI: Os animais usados nos escudos devem figurar na sua posição mais nobre e conveniente à sua natureza.

Essa lei apresenta a preocupação com a representação do mundo físico, as imagens figurativas devem representar seu objeto de interpretação de forma **reconhecível,** que não cause estranhamentos, equívocos ou dificuldades de entendimento da forma, por exemplo um leão deve ser reconhecido como leão. E de preferência desenhados representando "posições" possíveis de serem encontradas na natureza. A população do período medieval era composta por não leitores, assimilar a gramática da heráldica requeria um grande esforço e a introdução de um animal no escudo era uma escolha conceitual, e não de estilo. A escolha era pela referência ao caráter simbólico que era atribuída ao animal ou vegetal na cultura. Uma vez usado um elemento que encontra equivalência no repertório cognitivo, a síntese visual é mais facilmente assimilada, diferentemente de quando é necessário aprender um código novo.

3ª LEI: O pé anterior direito dos animais, na posição passante ou rompante, deve preceder o pé esquerdo.

4ª LEI: Os animais devem ser colocados no escudo sempre voltados à direita do cavaleiro.

O escudo era segurado na mão esquerda do cavaleiro, a direita portava a espada, e nessa posição estaria voltado ao cavaleiro, e também mais visível ao oponente.

O leão, muito adotado na composição dos escudos reais, representava força e dominação. Os animais no escudo transferiam simbolicamente seus atributos ao seu proprietário (BIEDERMAN, 1996). Algumas marcas, principalmente no setor automotivo, ainda adotam essa mesma simbologia.

Marcas contemporâneas que mantêm os princípios citados nas Leis 2, 3 e 4. Da esquerda para a direita: Marca *Ferrari*, Marca *Lamborghini* e *Jaguar*. Atentar que os animais estão inseridos na sua postura mais "valente".

5ª LEI: A composição (arma, stemma) mais simples é aquela mais bela.

Essa lei faz uma referência clara à síntese e à composição, evidenciando a singularidade da forma. Os princípios do design gráfico com foco na síntese e simplicidade já eram tratados como princípio da forma e da geometria nas bases da própria Bauhaus. As teorias dessa escola sugerem que uma construção se inicie pelas formas geométricas básicas, como o círculo, o triângulo e o quadrado. Essa fundamentação contribui para uma estrutura sintética que se torna, no caso das marcas, muito mais eficiente, tanto pela sua rápida identificação e codificação, quanto por seus limites precisos, e facilidade de permitir seu isolamento sobre um campo ou superfície. Formas sintéticas também podem ser extraídas de polígonos ou formas orgânicas, o interesse está na

A marca Claro foi desenvolvida pela Gad Design em 2003 e é um exemplo de síntese e concisão. Símbolo e logotipo compõem a unidade da célula circular, cuja aplicação nas mais variadas superfícies e veículos de comunicação possibilita sua idêntica reprodução. Foi concebida como um disco, ou seja, plana com volume e também como uma calota a maneira como foi usada nas fachadas das lojas favoreceu uma unidade de comunicação e regeu todo o sistema.

síntese que pode ser obtida a partir da concisão e clareza do desenho. Uma forma com limites definidos adapta-se a qualquer suporte e reduz sensivelmente os custos de produção caso forem comparados a uma marca com muitos elementos dispersos, avulsos e com maior quantidade de cores.

Menos elementos em uma estrutura criam um sinal com maior capacidade de memorização, fixação e de visualização a distância.

Inclusive símbolos concebidos dessa forma conseguem manter a representação original nas mais variadas aplicações com limite de cores ou mesmo em superfícies compostas por diferentes características materiais. Mesmo com a fartura de recursos gráficos possibilitados pelos avanços de impressoras digitais, ainda é presente a necessidade de gravações por calcografia sobre metais, aplicação em plásticos e polímeros por injeção ou moldagem, e, ainda são usados sistemas de impressão primários que utilizam apenas uma cor. A solução da marca deve ser estudada desde os primeiros *roughs* visando essa versatilidade de suportes e sistemas de gravação. O resultado de marcas e símbolos concebidos a partir dessa premissa atenderá as múltiplas necessidades sem diluir o significado do seu design em desenhos diferentes.

Quanto à forma em escudo, a memória e o imaginário a que sua forma remete o trouxeram até o presente. Outro preceito dos primórdios heráldicos era pensar o escudo como um objeto, como parte integrante do seu portador, tendo sua tridimensionalidade implícita. Pensar na forma como um objeto físico, manipulável, permite visualizar as suas aplicações espaciais, o que evita discrepâncias entre o "desenho" de uma marca e suas aplicações tridimensionais, por exemplo, em um luminoso, ou ser convertida em um objeto em diversas situações.

6ª LEI: A melhor composição (arma, stemma) é aquela composta de figuras heráldicas e de animais mais nobres.

Essas quatro leis em conjunto apontam para o cuidado do desenho e sua implicação no conceito. Obviamente, no processo atual de design de marcas não existe nenhuma obrigatoriedade no uso de animais como elemento simbólico. A releitura dessas leis sugere que o elemento figurativo, quando escolhido, não deve conter erros de definição, ou seja, adotar a forma mais sintética e representativa do objeto a ponto de extrair os componentes mais característicos e suprir todos os secundários, além de explorá-los de acordo com a memória cognitiva dos públicos de interesse.

A estilização deveria apresentar um contorno bem definido e ser uma representação da essência do animal ou figura. O desenho deve ser precisamente elaborado em termos de posturas e linguagem gráfica, ou linguagem da forma, para atender o conceito. Sua função dentro do design é a de atingir a ideal e a mais precisa forma, na exata posição, para transmitir o conceito proposto. O desenho é parte da construção de um conjunto de significados que encontram respaldo no repertório cognitivo dos públicos de interesse. Não poderia haver engano na sua interpretação, pois implicaria em uma percepção equivocada da mensagem. Como nosso imaginário é uma construção ao longo da história, muitas marcas carregaram as precisas recomendações das leis heráldicas até o presente.

Um exemplo, entre muitas outras, é a marca da Peugeot dos anos 1950, 2002 e 2010 subsequentemente. Nota-se que a figura do leão aparece na sua posição mais nobre, a de enfrentamento, posição natural que o felino apresenta na natureza. O pé anterior direito do animal está na posição passante ou rompante, e precede o pé esquerdo.

Os exemplos apresentados demonstram a aplicação dos animais inseridos no escudo como recomenda a lei heráldica, sempre voltados à direita do cavaleiro, ou seja, voltado para a esquerda do observador. No design atual de marcas, há uma significativa tendência de se apontar as figuras, linhas etc. em sentido de ascensão ou "futuro", os quais se voltam comumente para a direita do observador, por estar relacionado às formas de uso que acompanham a dinâmica tradicional da comunicação escrita e impressa, que avança para sempre para a direita.

7ª LEI: O metal deverá estar aparente no ponto ou na parte mais nobre do escudo.

8ª LEI: As armas devem portar a figura em metal se o campo for colorido.

A sétima lei refere-se ao elemento principal a ser deixado em evidência, e a oitava é uma clara afirmação sobre a necessidade de se estabelecerem contrastes entre fundo e figura. Aqui é importante relembrar que nos metais nas versões representativas dos escudos e das bandeiras são empregados o branco para a representação da prata e o amarelo para o ouro. Inúmeras marcas mantêm "vazado" na forma ou célula que as compõem, o símbolo trabalha de forma integrada ao logotipo para criar um só signo.

No caso da UPS, o logo da direita sofreu redesign em 2003, e simula uma aparência metálica, e a cor da marca revela o "metal" que estaria sob a cor. Nota-se uma tentativa de recuperação da tridimensionalidade do escudo.

O logotipo UPS ocupa a área central (o coração) e o metal está em evidência na área correspondente ao terço superior, espaços considerados pelas regras heráldicas mais nobres, e destinado a representar cavaleiros na posição de chefe.

9ª LEI: A figura não deve tocar a ponta do escudo, nem o teto e nos limites laterais, deve estar isolada no campo.

Essa lei faz referência ao **campo ou à célula** na qual os signos são inseridos. Corresponde à necessidade de isolamento e destacamento do símbolo nos meios de comunicação e plataformas midiáticas. Várias marcas procuram esse isolamento na própria forma, isso as permite ter aplicações sobre os mais variados fundos sem sofrer contaminação e sem perder sua visibilidade. Como podemos verificar nos exemplos já apresentados, além do isolamento dos elementos identificadores, carregam em si as origens de divisões heráldicas e colocam-se como escudos circulares. Tanto suas representações gráficas como as físicas exploram a curvatura e a possibilidade de tridimensionalidade. As cores não se sobrepõem sobre o metal e estão isoladas dentro da forma. A forma é sua estrutura contentora e ao mesmo tempo um objeto que porta o signo verbal. A "margem" interna é uma forma de isolar o nome.

a) O símbolo da Volkswagen, apesar de circular, caracteriza-se como escudo: sua tridimensionalidade é percebida, e a mesma estrutura e composição são empregadas nos produtos e pontos de venda.
b) A Flexiv, fabricante brasileira de móveis de escritórios, alterou em 2010 a sua marca. Concentrou seu logotipo dentro do "escudo" invertido, conseguindo unidade no conjunto, mais a possibilidade de tridimensionalidade da forma e maior contraste cromático.
c) A identidade do Banco Itaú contida em uma célula retoma o princípio do escudo. A forma do seu signo visual é um "campo" quadrado com cantos arredondados no qual se insere o logotipo. Essa estrutura se apresenta como um sólido sobre um campo laranja, tornando o laranja a sua Power color, apesar de não constar necessariamente na marca. A forma quadrilátera do símbolo não desmerece seu papel de guardião ou "escudo" da instituição. Em todas as aplicações e nos mais variados suportes a estrutura se mantém invariável e eficiente.

Escudo da Coroa Britânica, Rei Henrique II — 1198-1340.

10ª LEI: Quando, em um mesmo escudo, existem muitas figuras, não se deve colocá-la na seção do chefe e nem na ponta.

11ª LEI: As cabeças dos animais devem aparecer de perfil, exceto o leopardo pois seu corpo se mantém em perfil e a cabeça deve figurar de frente.

Essas são leis específicas do campo da heráldica medieval e que envolvem a gramática estabelecida para a leitura dos escudos. Todas as menções na faixa ou no quartel na posição chefe teriam implicações na interpretação sobre as **funções ou posição social** que o brasonado ocupava; a ponta inferior do escudo era destinada geralmente às menções de desonra. No caso das marcas contemporâneas, essas leis não têm uma aplicação direta, mas é pertinente uma observação, algumas marcas adotam determinados cortes nas letras de seus logotipos ou na composição junto do seu símbolo. Essa solução gráfica em si passa a ser uma codificação do próprio desenho. Podemos usar como exemplo a marca da empresa coreana Samsung, desenvolvida em 1993, que usou uma elipse rotacionada e a tangência da tipografia do logotipo no limite da forma. A solução foi adotada posteriormente na composição de várias outras marcas que resultaram em uma forma similar à Samsung. Para todas as posteriores, o público em geral associou a solução gráfica à Samsung, por ter sido a primeira na adoção do símbolo e devido a sua maior repercusão na mídia.

A 11ª lei explica o leopardo no escudo de Henrique II da Inglaterra, adotado no período de 1198-1340. Apesar do nome, é uma estilização da figura do leão, e foi assim designado para diferenciá-lo do leão rampante de outros escudos. A diferenciação de símbolos parecidos já era uma necessidade, e como as marcas eram descritas verbalmente, o leopardo se tornou um novo código, com desenho característico e facilmente reproduzível.

12ª LEI: Nunca se introduz em uma arma uma figura humana inteira.

Quanto a não usar uma figura humana inteira, isso pode ter uma sutil importância para as marcas, mas depende de uma análise caso a caso. A figura humana é muito longilínea, e verticaliza muito o campo visual da marca. Visto a distância, torna-se somente a representação do corpo humano, uma silhueta, diluindo o significado quando usada uma figura específica, a não ser que o contorno da pessoa seja muito característico. Recortes ou enquadramentos mais próximos podem acentuar características fisionômicas e conotar um significado mais preciso enfatizando os objetivos do signo. Na busca de uma melhor proporção no uso da figura, muitos designers alteram as relações de proporção e transformam a silhueta humana em uma representação quase abstrata, geralmente transformam a forma em um pictograma ou em traços que se assemelhou a uma "folhagem".

Recurso muito usado na tentativa de tornar mais regular o formato longilíneo da figura humana. Geralmente marcas do setor público adotam a abstração da figura humana para a composição do símbolo identificador, como o exemplo da marca do Enem e do Parque da Juventude, complexo cultural recreativo e esportivo localizado no município de São Paulo.

Há um número incalculável de marcas, principalmente voltados a projetos sociais, que adotam soluções semelhantes como as apresentadas acima.

13ª LEI: A arma não deve ter mais de três figuras principais de espécies diferentes.

14ª LEI: A composição não pode ter mais que três esmaltes (cores) e nem menos de dois.

Novamente uma referência a composição e síntese. Sugere que um escudo não possua mais de três cores e três figuras, nem menos que dois elementos. A prática profissional nos faz constatar que uma marca com até duas cores é mais eficiente, reduz custos industriais, é versátil em aplicações variadas. Essa prerrogativa é muito válida para marcas que terão grande exposição e são aplicadas nos mais variados materiais de *merchandising* e de promoção.

A marca oficial da Confederação Brasileira de Futebol e na página anterior a sua versão bordada nos uniformes do time. O resultado da versão original e a aplicação na camisa é o mesmo.

No *merchandising* as aplicações ocorrem sobre superfícies que requerem sistemas de impressão, gravação e estampagem específicos, muitas vezes necessitando até de apliques e bordaduras.

15ª LEI: Para brasonar uma arma, inicia-se pelo campo, depois elege-se a figura, o esmalte e a posição; e por último, as quantidades.

16ª LEI: Para descrever as armas de uma família, basta descrever seu escudo.

Essas leis definem o símbolo. Eleger a forma, ou como o símbolo se posicionará sobre um campo, com ou sem cor, é a base para sua construção, apesar de muitos designers realizarem o processo inversamente. A definição da forma no princípio do processo requer que o designer tenha claro o conceito de comunicação para essa marca. Não será possível encontrar uma forma que revele todo o arcabouço de significados atribuídos a ela. Mas uma forma determinada pode ser conveniente a todo o imaginário que será depositado sobre a marca. Sempre será uma decisão de comunicação e estratégia, e começa na busca por conexões com o universo cognitivo do público, para o qual a nova marca se destina, e ao mesmo tempo essa prerrogativa pode propiciar um efeito mnemônico mais rápido quando essas conexões têm um caráter afetivo.

No caso da heráldica, bastava descrever verbalmente o escudo para que qualquer desenhista o reproduzisse. Quantas marcas atuais passariam por essa prova?

O exemplo da marca Nickelodeon ilustra como ela conseguiu passar na prova de descrição verbal e também ilustra como os vínculos afetivos atribuídos a um signo podem ser construídos e infelizmente rompidos. Na comemoração do 30º aniversário do canal, em 2009 a marca sofreu novo redesign, voltando a usar um logotipo somente, devido ao seu novo reposicionamento. Segundo o depoimento de Cyma Zarghami, presidente da rede, em 2009, *"o redesign procurou incluir as novas áreas da programação do canal e colocá-lo na mesma linguagem gráfica dos canais concorrentes"*.

A marca da Nickelodeon, canal de TV a cabo dirigido às crianças, era composta do logotipo sobre uma célula na cor laranja, chamado de *splat*. A forma apresentava versões diferentes desde 1984, quando Fred Seibert desenvolveu seu design. As variações na forma adquiriram formatos que reforçaram o seu conceito, baseadas no imaginário infantil e nos quadrinhos. Em 2009 abandonou o *splat* e passou a adotar somente o logotipo com nova tipografia e a versão abreviada do nome.

O resultado foi uma homogeneização com tudo que existe e a perda de vínculos afetivos pelo segmento adulto que cresceu acompanhando o canal.

A eliminação do *splat*, que era único em conceito mas variável na forma, era o grande diferencial gráfico da marca. A única característica mantida foi a cor laranja de identidade do canal.

As cores no projeto da marca devem ser estudadas após a forma conseguir estabelecer contraste suficiente entre fundo e figura, e após se ter estabelecido seu contorno e incisões. A forma deve ser esculpida, como se uma camada de matéria estivesse sobre um plano e fosse preciso revelar a cor do fundo nas aberturas para as figuras. As figuras, artificiais ou naturais, como era definido no antigo armorial, são extraídas de um contexto cultural ou pertencentes ao cenário biofisiológico, no qual estão inseridos seus criadores e usuários. Os escudos medievais foram elaborados para compor uma gramática que revelava ordens sociais e políticas. Hoje as marcas continuam sendo construídas inclusive para serem lidas e também são apropriadas para representar *status*, posições econômicas, culturais e políticas. Como o escudo, a marca deve deve ter a conexão com a "personalidade" do seu portador. É uma construção que leva tempo, e fica mais difícil quando constantemente a marca muda de aparência.

METODOLOGIA APLICADA PARA O DESIGN CONTEMPORÂNEO DE SÍMBOLOS E MARCAS

Uma marca deve "falar" e abreviar os processos cognitivos a respeito da instituição que ela representa. As heranças heráldicas estão latentes nas formas, nas arquiteturas de marca, nos elementos representativos e nas "leis" de sua construção, que chegaram até o presente por meio de um repertório visual formado ao longo dos séculos. Muitas marcas, em redesigns recentes, retomaram a forma do escudo, sem mesmo tê-lo possuído algum dia na sua origem. Muitas vezes essa decisão é tomada levando-se em conta a força do significado que essa forma representa, ou pelo respaldo em termos de solução gráfica considerada eficiente. Tal fenômeno é reflexo da busca por uma forma possível de converter-se facilmente em uma estrutura física autônoma.

Em 2009, a *Nike* adotou, para a divisão futebol, dois escudos para a identidade de suas linhas de produtos. Seus desenhos foram concebidos, como se pode notar para aplicações monocromáticas e suportar impressões, gravações e moldagens em materiais sintéticos muito usados nesse tipo de produto. Ambas as formas remetem ao escudo clássico e sugerem tridimensionalidade. Os símbolos são releituras do escudo medieval. O símbolo que mantém o *swootch* é empregado na linha esportiva para as categorias semiprofissional e esportistas e o símbolo que mais se aproxima das proporções com o escudo medieval, ainda sugerindo o quartelamento de suas divisões, é

empregado somente para a linha de produtos de elite, ou seja, a linha de equipamentos profissionais de alto desempenho. O emprego do escudo nesse caso faz referência à elite, é apropriado como um signo cultural. O escudo foi nomeado pela *Nike* de "hipercubo", que, além da sua versão em duas dimensões para os materiais impressos, foi idealizado como um tetraedro, onde as quarto dimensões, segundo a empresa, representariam as qualidades inerentes aos jogadores. Tal aplicação é explorada nas interfaces digitais e mídias em movimento (CREATIVE REVIEW, 2009).

Esse exemplo reforça a afirmação de que nossa cultura é resultado de uma somatória de códigos e signos. O processo de cognição parte de um referencial possível de ser "lido" e decodificado e que encontra ressonância em nossa memória.

A necessidade de manter o símbolo com a mesma aparência gráfica em todos os produtos recai novamente na adoção de uma forma celular. As marcas compostas de vários elementos desassociados tornam-se frágeis, e misturam-se facilmente aos vários outros sinais, palavras e títulos que se aproximam do seu campo visual nos mais diversos meios de comunicação.

Comumente, marcas sem isolamento e impacto visual apresentam como sugestão de aplicação em seus manuais, a introdução de um campo espacial, quase sempre retangular, como uma solução para sua proteção. Esse recurso resolve parte dos seus problemas de aplicação e pasteuriza seu resultado visual. Marcas que não adotam esse recurso acabam produzindo versões diferentes para cumprir as solicitações de um sistema de identidade visual mais extenso. Ou seja, a cada nova necessidade seu signo visual sofre uma adaptação, ora é feita por especialistas ora resolvidas aleatoriamente pelos próprios fornecedores. Ao longo do tempo esse processo gera vários outros signos e o signo visual vai se diluindo em inúmeras variantes.

Por outro lado, um sistema muito rigoroso em relação aos símbolos e logotipos pode atrofiar o imaginário da marca, tornando-a "antipática" para o seu uso. Como já foi dito, hoje as marcas são "carregadas" por seus consumidores. Elas pertencem mais a eles que a própria empresa e serão até tatuadas. Diante desse cenário a solução mais plausível é criar uma unidade de identificação que contenha o símbolo e o logotipo em simbiose em uma construção única[5] que possa ser autônoma, autoportante e transportável. Nesta análise, as leis heráldicas podem sugerir ou ser ponto de partida para uma metodologia que auxilie o processo de concepção do design de marcas, principalmente nos sistemas

---

5   CONSOLO, MC. **A imagem[TIPO]gráfica**: poéticas visuais da comunicação na era digital, São Paulo: USP, 2002.
A dissertação consiste na investigação sobre a fusão da imagem e da tipografia no processo de criação do designer gráfico.

onde um símbolo ou logotipo é o signo visual principal para uso em extensos programas de identidade corporativa. Não é defendida neste trabalho a adoção da forma do escudo como solução para um design eficiente de marca. O que se propõe é a observação de como essa estrutura sobreviveu ao longo do tempo, e pode demonstrar sua eficácia quando a construção de símbolos começa a partir do campo gráfico. O escudo, desde sua origem, era pensado para o seu uso como objeto físico. Tal raciocínio, aplicado ao design de marcas contemporâneas, eleva o design de símbolos da dimensão bidimensional, exclusivamente gráfica, para a tridimensional, possibilitando resultados mais eficazes nos ambientes físicos e digitais.

A concisão da forma e seu recorte "espacial" definem os limites exteriores do desenho como supostamente na execução física em determinado material da qual será constituída. Define seu corpo, o que confere a este um feitio, uma configuração, um aspecto particular: a concisão ou a delimitação de uma forma mostrou-se muito versátil e consegue fazê-la permanecer inalterável, nas mais variadas possibilidades de aplicações, naturais em um extenso projeto de identidade corporativa. A estrutura invariável torna uma marca mais longeva e evita que ela sofra alterações para se acomodar aos novos meios de gravação e impressão. A própria forma pode se tornar a identificação de aplicativos nas plataformas digitais, além de seu poder de conversão em um volume tridimensional para aplicações físicas.

A herança heráldica é presente no cenário contemporâneo e no mundo das marcas: pela primeira vez foi planejado um sistema de identidade e não só um símbolo de identificação. Todos os equipamentos e acessórios eram parte do sistema. Os ancestrais estandartes penetraram no sistema atual de comunicação na forma de *banners* e bandeiras, conferindo igualmente um papel sinalizador e um marco de posição, tanto territorial como econômica. Os equipamentos e propriedades fazem parte da construção da identidade, como no passado faziam os cavalos, as coberturas, os mantos e a indumentária que corresponderiam hoje aos veículos da frota, *stands* e uniformes relativos à organização.

As estruturas formais e cromáticas desenvolvidas na heráldica medieval ainda são presentes em muitas marcas e continuam sendo empregadas na construção de um sistema de informação e memória.

Um símbolo deve ser capaz de acionar todo um repertório de experiências relacionadas à organização que ele representa, tanto na concepção material dos produtos ou serviços que ela oferece como também na chave de acesso para as acepções sensoriais e intangíveis relacionadas com a imagem mental formada a seu respeito, ou seja: quanto mais presente, mais longevo, e mais vínculos mnemônicos e afetivos são construídos. Concluindo, dentro dos preceitos estudados na observação das leis heráldicas como uma primeira metodologia para o design de símbolos de identidade, podemos sistematizar:

- O design do signo gráfico deve ser uma resposta ao conceito predefinido e não o caminho inverso.
- O desenho começa pela forma.
- A forma escolhida deve ter a capacidade de "carregar" o conceito e representar a identidade da marca.
- Forma, tipografia, cores e demais elementos gráficos devem ser escolhidos por sua longevidade e ressonância no repertório cognitivo dos públicos de interesse.
- Pode haver marcas composta só por logotipos, e marcas só compostas por símbolos. O símbolo e logotipo, quando coexistirem, devem formar uma unidade.
- Aconselha-se não usar mais que duas cores. Mas é imprescindível a adoção de uma cor dominante.
- A escolha da cor é pelo seu conceito cultural, não importa o matiz. Este é definido posteriormente.
- Afastar o desenho de soluções semelhantes aos concorrentes e similares já em circulação.
- A solução gráfica deve ser simples e facilmente memorizável.
- Deve permitir a conversão do bidimensional para o tridimensional.
- A solução gráfica deve ser flexível a ponto de poder ser gravada, moldada, injetada, esculpida, impressa nos mais variados substratos e materiais sem ter que sofrer adaptações de desenho.
- O signo visual da marca deve ser único e atemporal, podendo se manter "vivo" acompanhando todas as mudanças e renovações da comunicação e nas apropriações de seus usuários.

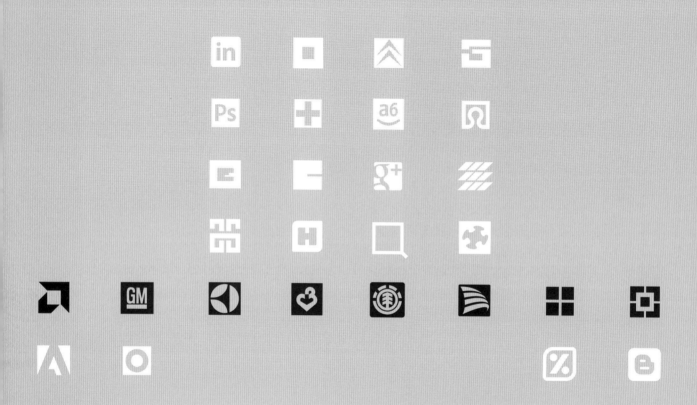

3

A sistematização da identidade visual

ORIGEM E ESGOTAMENTO DOS MANUAIS DE IDENTIDADE

O signo visual não carrega por si só a identidade, esta é construída por um sistema. Para o design da marca ser concretizado é necessário o planejamento de todos os itens que compõem esse sistema e a definição dos suportes e materiais e de todos os passos para a sua execução e implantação. Tais decisões têm o objetivo de garantir que o projeto original se "mantenha nos trilhos", e ao mesmo tempo garantiria junto aos usuários uma constância e eficácia, propiciando a identificação e reconhecimento do sistema os códigos da marca, sua imagem material e sua imagem simbólica.

Durante grande parte do século XX essa normatização foi compilada em uma ferramenta impressa dirigida aos gestores das marcas que recebeu o nome de **manual de identidade visual** ou *identity guideline*, ou mesmo *guide.*

Segundo Meggs, o primeiro manual documento é atribuído a *AEG – Allgemeine Elektrizitaets Gesellschaft*, da Alemanha. Em 1907 Peter Behrens (1868-1940) foi contratado como consultor artístico pela empresa.

Behrens era professor e um profissional que transitava com grande facilidade entre várias modalidades da expressão artística, atuava como designer de produtos, designer gráfico, arquiteto e designer de mobiliário.

Em 1903, ele havia sido contratado como diretor da Escola de Artes e Ofícios de Dusseldorf, onde eram oferecidas disciplinas experimentais. Alunos desenhavam formas da natureza e depois estudavam de maneira analítica as suas estruturas geométricas intrínsecas. Esses cursos foram precursores dos cursos da Bauhaus, onde dois de seus ex-alunos atuaram como diretores, Walter Gropius e Ludwig Mies van der Rohe.

A visão de design de Behrens influenciou grande parte dos designers do modernismo.

Behrens começou realizando projetos para a *AEG*, os quais incluíam de postes de iluminação a chaleiras. O grande mérito dele foi pensar e estruturar uma linha de produtos e um sistema de comunicação integrados, a partir de uma ideologia e estrutura organizacional de projeto. Behrens já havia tido uma experiência em design total, em 1900, quando o Duque de Hessen, em um incentivo para a arte com aplicação prática e com o interesse no desenvolvimento da indústria local, concedeu um terreno para ele construir uma casa, na qual não só realizou o projeto arquitetônico como também o de toda a mobília, os objetos, as porcelanas "e até os talheres". Behrens foi um defensor da tipografia e estava envolvido no design de tipos sem serifa. Acreditava que a tipografia, depois da arquitetura *"fornecia o retrato mais característico de um período, e o testemunho mais forte do progresso espiritual (...) e do desenvolvimento de um povo"* (MEGGS, 2009: 299).

Behrens adotou uma abordagem sistêmica de design em toda a cultura da empresa e foi o primeiro a definir as bases para um alinhamento da identidade corporativa, que nada mais era que a conversão em imagem e conceito de toda a filosofia da empresa, como também de suas marcas de produtos.

Para Behrens, todos os produtos, edifícios, marca, estrutura de *layout* da linha de produção e peças gráficas eram projetados sob uma estrutura básica geométrica. Ele não só criou a marca da *AEG*, mas também toda a identidade corporativa da empresa, incluindo várias campanhas publicitárias. Ele sofreu influência de um colega de Dusseldorf, o professor J. L. M. Lauweriks, que era fascinado por geometria:

Marca desenvolvida em 1907 para a *AEG* é composta de uma modulação de hexágonos que formam um hexágono maior, faz referência a uma colmeia estilizada, indicando a complexidade e a organização sistêmica da corporação (MEGGS, 2009: 302).

Diagramas usados pelo arquiteto holandês J. L. M. Lauweriks, que desenvolveu uma teoria de proporções geométricas e elaborou um sistema de *grids* a partir de um quadrado que circunscreve um círculo (MEGGS, 2009: 301). O sistema concebido por Lauweriks também explora as divisões da célula dentro de lógicas predeterminadas como era feito com os escudos heráldicos.

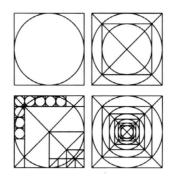

A mesma estrutura é apresentada nas capas do manual de orientação do pavilhão da *AEG* na Exposição da Indústria Naval da Alemanha em 1908 (MEGGS,2009: 303). Abaixo, uma página do catálogo de chaleiras de 1908, tanto a diagramação como os produtos são designs de Peter Behrens.

era fascinado por geometria e desenvolvera seus grids a partir de um quadrado o qual circunscrevia um círculo, inúmeras permutações podiam ser feitas pela subdivisão dessa estrutura básica. Padrões geométricos resultantes podiam ser usados para determinar proporções, dimensões e divisões espaciais no design de tudo, de cadeira a edifícios e peças gráficas (MEGGS, 2009: 302).

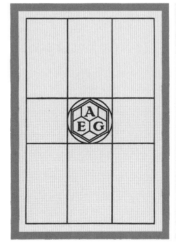
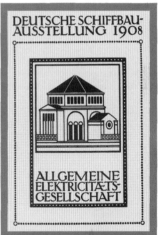

Behrens incorporou esse sistema e o usou contraditoriamente às teorias de Lauweriks para criar um *grid* básico que previa uma ornamentação gráfica; esse sistema desenvolvido fazia que tanto a marca quanto os produtos e os seus edifícios ficassem dentro de um mesmo conceito de imagem e todos com a "cara" da *AEG*. Em 1908, Behrens desenvolveu um alfabeto, lançado pela *Fundição Klingspor*, para uso exclusivo da *AEG*. Dessa forma foi criada a primeira tipografia corporativa.

Fábrica de turbinas da *AEG*, projeto de Behrens e do engenheiro estrutural Karl Bernhard, 1909.

No projeto para a *AEG*, Behrens usou a colmeia e as divisões do hexágono para compor tanto a marca como a estrutura gráfica dos anúncios e publicações da empresa, bem como o design das formas dos produtos. Era o símbolo que regia o sistema. Coincidentemente ele partiu de um *grid* composto de nove partes, tendo o centro como ponto de honra, de maneira igual ao diagrama básico de divisão dos escudos clássicos da heráldica.

Caminhando na história, outro grande momento de planejamento dos sistemas de Identidades Corporativas aconteceu nos Estados Unidos após o final da Segunda Guerra Mundial.

A economia americana não padeceu como a Europeia em decorrência da guerra, o seu território não foi bombardeado e em comparação com as nações do continente europeu, não houve destruição dos seus centros financeiros e industriais, e as baixas do seu efetivo militar foram as menores. Além do fato do esforço de guerra ter proporcionado avanços tecnológicos e nos meios de produção, houve incrementos na produção agrícola, industrial e as taxas de desemprego diminuíram. Com o final da guerra a partir de 1945, o crescimento da economia americana foi notório, principalmente abastecendo as nações destruídas, as taxas de exportação atingiram 340%.

A explosão do crescimento econômico transferiu para as grandes corporações a responsabilidade e a criação de novos produtos e serviços. As corporações passaram a desempenhar um papel ativo na economia do país, e com passar dos anos só aumentaram. Muitas se tornaram potências mundiais, tendo mais força que muitos governos. A IBM foi uma delas.

Durante os anos 1950 e 1960, o designer americano Paul Rand foi o responsável pela identidade visual e sistematização da marca da IBM. O manual de identidade realizado para a marca se tornou referência de estrutura e conteúdo para os manuais da segunda metade do século XX, e o colocou como referência no cenário internacional.

Marca para *ABC – American Broadcasting Company*, 1965
Marca para *Westinghouse*, 1960
Marca desenvolvida para *IBM*, Paul Rand, 1956, e o redesign com oito linhas de 1974

A preocupação de Paul Rand no projeto da IBM era garantir uma sistematização eficaz para uma marca que se estenderia além das fronteiras do país. Seu projeto se concentrou no signo visual.

Rand, que concebeu e projetou várias outras marcas multinacionais, chegou à seguinte conclusão sobre o design de marcas: *"uma marca para funcionar por um longo período deveria ser atemporal, com elementos reduzidos e construída a partir de formas elementares e universais"* (MEGGS, 2009: 529).

A conclusão de Rand e a síntese de seus designs levam-nos a reforçar a validade das leis da heráldica no design de signos visuais.

O crescimento econômico contribuiu para a adoção de uma visão mais pragmática pelos designers. A partir desse período, a identificação e reconhecimento das novas mercadorias postas em circulação tinha uma implicação direta nos resultados econômicos. A identificação dos produtos e serviços deveriam claramente associar as marcas e as suas corporações de origem.

É nesse período que as redes de supermercados e os autosserviços explodem e os produtos ficam muito mais acessíveis aos consumidores. O manual de identidade se tornou uma necessidade, passou a ser o armorial das corporações. A marca e todos os itens de comunicação desenvolvidos eram minuciosamente detalhados para uma correta reprodução, sendo cada um deles apresentado com medidas precisas ou relações entre as partes. O detalhamento incluía, ainda, as especificações técnicas para a execução industrial de cada material ali exposto e explicado. Todo sistema desenvolvido para a marca passou a estar contido no manual de identidade, desde a lógica construtiva da marca, o uso preciso do símbolo, seu sistema de cores, até substratos, leis de diagramação e composição de imagens. O planejamento previa antecipadamente quais seriam os pontos de contato com os consumidores que uma marca poderia figurar. Novas lojas de departamentos proliferavam e redes abrangiam vários países. O manual era o postulado da marca.

É importante lembrar que os itens de um manual variam conforme o ramo e a natureza do negócio. Para cada organização é necessário acrescentar o projeto do manual como uma etapa à parte, a ser elaborada após todos os itens terem sido desenvolvidos, aprovados e validadas as especificações técnicas para a execução dos materiais. Eis aqui um dos fatores que contribuíram para um mau uso dos manuais. Muitas vezes o manual é elaborado como premissa de projeto, sendo desenvolvido como uma orientação de aplicações futuras que ainda não teriam sido testadas e validadas. Muitos gestores, ao assumirem seus cargos, ignoram os manuais já em uso e desenvolvem novos materiais gráficos dentro de uma nova linha de comunicação vinculada especificamente àquela gestão.

ANÁLISE CRÍTICA

A partir deste ponto, analisaremos os conteúdos de um manual de identidade **clássico**. Para tornar mais clara a explicação e a visualização de todos os itens que compõem cada um dos sistemas que iremos estudar, o manual e, na sequência, o *brand book* e o Guia de Expressão da Marca, foi elaborado um código visual. Trata-se de um conjunto de pictogramas que representa cada uma das competências (funções) envolvidas para a realização e efetivação da identidade corporativa de uma organização. Nem sempre todas as funções estão envolvidas em um só projeto.

Também foram incluídos dois outros pictogramas que indicam qual o grau de liberdade dos gestores da marca para tomada de decisão após a efetivação do projeto, quanto das normas já estabelecidas poderiam ser editadas ou alteradas.

Geralmente, o manual, para o processo executivo da Identidade, segue uma lógica, que está apresentada por tópicos, e pode servir como um roteiro de projeto, conforme a **TABELA 1**, página 88 – com as indicações das competências envolvidas. Trata-se de um roteiro básico, fundamental para abordar todas as instâncias em que uma marca poderia se apresentar e quais são os parâmetros que orientam o seu uso.

MARCAS DESIGN ESTRATÉGICO **A sistematização da identidade visual**

Ad	Administração	Fn	Financeiro
Aq	Arquitetura	F	Fotografia
Ct	Consultoria Têxtil	Gp	Gerência de Produção
Dc	Design da Comunicação	Ig	Indústria Gráfica
Di	Design de Informação	Jd	Jurídico
Dp	Design de Produto	Pm	Pesquisa de Mercado
Dg	Design Gráfico	Pp	Publicidade e Propaganda
Dth	*Design Thinking*	Rh	Recursos Humanos
Mk	Direção de Marketing	Rp	Relações Públicas
Ep	Engenharia de Produção	Sd	*Sound Design*
Be	Estratégia de *Branding*	Ti	Tecnologia da Informação
Df	*Fashion Design*	Ty	*Typedesign*
		(e)	Permitido edição e adaptações
		⊘	Edição e adaptações NÃO permitidas

Os Manuais de Identidade estipulam rigidas orientações no uso dos elementos que compõem a identidade Visual e a diversidade de profissionais envolvidos era restrita. Os pictogramas ao lado indicam o grau de liberdade para intervir em um projeto.

Um projeto de marca é extenso e requer equipes multidisciplinares. As decisões devem ser compartilhadas em várias instâncias da gestão. Caso os envolvidos no projeto não aderirem às ideias, corre-se o risco de efetuarem qualquer uma das operações de maneira meramente burocrática, como uma resposta a uma regra que foi estabelecida sem vínculo e sem entender seu significado dentro da organização.

Para ficar mais claro o significado do conjunto de pictogramas da página anterior, segue uma descrição das atribuições dos profissionais relativos a cada uma das competências envolvidas para a realização e efetivação da identidade corporativa de uma organização.

ADMINISTRAÇÃO: Envolve a gestão de recursos e métodos de uma organização, do potencial humano, do capital e dos processos internos. Está diretamente ligada às decisões estratégicas como a política da empresa, seus valores e sua visão.

ARQUITETURA: Responsável pelos projetos de concepção de ambientes, tanto corporativos como de pontos de venda e promoção. Contempla os edifícios corporativos, lojas, estande e demais espaços de trabalho e de projeção da marca.

CONSULTORIA TÊXTIL: Assessoria envolvida principalmente no projeto de uniformes e roupas técnicas para determinadas funções no trabalho. É imprescindível para manter a inovação de maneira sustentável, incorporando novos recursos tecnológicos visando o bem-estar e a proteção adequada ao usuário. É vital que todos os elementos de vestuário da organização estejam dentro das normas técnicas exigidas pelos órgãos controladores, mas, principalmente, de acordo como o conceito e propósito da marca.

DESIGN DE COMUNICAÇÃO: Decorrente das constantes inovações tecnoló¬gicas e com a incorporação de vários recursos de novas mídias visuais e novas plataformas digitais, o design de comunicação se insere na conversão das mensagens por meio da linguagem e do simbolismo mais adequado, favorecendo o acesso às informações para as audiências apropriadas. Cabe ao designer de comunicação a conversão do conceito da marca em recursos simbólicos daquela cultura, e em tantas outras nas quais a marca irá se relacionar.

DESIGN DE INFORMAÇÃO: Equipe que decide a melhor maneira que determinado conteúdo é apresentado às pessoas, usando os mais variados recursos, desde ilustração a infográficos. É responsável pela conversão de informações complexas em sínteses visuais para ambientes analógicos ou digitais, a partir de uma contextualização e planejamento de conteúdo.

DESIGN DE PRODUTO: Tanto o design gráfico como o design de produto concentram-se na ampliação e na melhoria das capacidades humanas. O design de produto, como o de projeto, dedica-se aos objetos e equipamentos, vasilhames etc. Por exemplo, o design de uma ferramenta amplia nossa capacidade física, o design de mobiliário envolve conforto para o descanso e para atividades de trabalho. A adequação de uma embalagem otimiza processos industriais, uso de recursos energéticos, e a logística de transporte e de armazenagem.

DESIGN GRÁFICO: Competência originalmente ligada à industrialização mecânica dos processos de impressão. Não considerando somente os meios impressos como os únicos suportes para uma intervenção de projeto, além dos domínios de desenho, cor, forma, composição e linguagem visual, o designer gráfico é responsável pela transformação de mensagens complexas em imagens sintéticas e pela concisão da mensagem, seu simbolismo e sua relação com a cultura de cada lugar ou grupo de indivíduos. Cada vez mais, é papel do designer: transformar a diversidade cultural em elementos visuais que o signifiquem; fazer com que um desenho suplante várias páginas de texto; tornar um signo símbolo de uma cultura; traduzir informações complexas em sínteses visuais mais acessíveis para um contingente maior de pessoas pertencentes a vários extratos sociais. Apesar de ter carregado no nome o termo gráfico, por muito tempo, o design voltado à comunicação esteve inserido em uma interface audiovisual, em uma máquina de lavar roupas, na orientação de pessoas dentro de uma cidade ou no interior de um automóvel. Assim, é pertinente assumir o termo Design de Comunicação, valorizando, portanto, o seu papel como conversor de significados para a interface social da comunicação.

DESIGN THINKING: É o centro de pesquisa e análise para geração de conhecimento sobre o propósito da marca. Quando é um cargo de gestão é o profissional responsável por alinhavar todas as prerrogativas das outras equipes, direcionar uma linha de conduta e comunicação para a marca e fazer a mediação entre as equipes e gestores, buscando manter o vigor do projeto e elevando o nível de inovação continuamente.

DIREÇÃO DE MARKETING: É responsável em definir os canais de comunicação específicos, exclusivos e adequados para cada público (interno e externo) de acordo com os objetivos da marca e com as tendências atuais do mercado. Planeja e define campanhas de vendas e promoção de produtos e serviços, e também campanhas institucionais da marca.

ENGENHARIA DE PRODUÇÃO: Em parceria com a administração, é uma especialização da engenharia que busca a otimização dos meios de produção, racionalização do trabalho por meio de técnicas, processos, matéria-prima, equipamentos e logística. É importante para assegurar a escolha dos melhores processos industriais, garantindo uma entrega dentro de padrões sustentáveis e de acordo com o propósito estabelecido para a marca e seus produtos.

ESTRATÉGIA DE BRANDING: Processo de gestão da marca de forma ampla que compreende a estratégia de valorização da sua entrega assegurando um comportamento. É a gestão do "valor" percebido da marca, no seu design, produtos e serviços.

FASHION DESIGN: É a aplicação do design voltada a vestuário em geral, roupas profissionais e acessórios. O design de moda é regido pelas tendências culturais e pelo gosto de uma plateia específica, por vezes, antecipa-se à mudança dos gostos dos consumidores. Desenha roupas que são funcionais, bem como esteticamente agradáveis, criando um determinado estilo para representar uma ideia e/ou uma postura.

FINANCEIRO: É o departamento responsável pela gestão dos recursos financeiros da empresa, contribuindo para que obtenha ganhos suficientes para a realização das operações e também gere lucros, garantindo o seu desenvolvimento a longo prazo.

FOTOGRAFIA: Profissional especializado nas mais diversas aplicações de captura e de tratamento de imagem.

GERÊNCIA DE PRODUÇÃO: É o profissional responsável por assegurar o cumprimento das metas de produção, dentro dos padrões de qualidade, quantidade, custos e prazo estabelecidos pela empresa. Gerencia custos do departamento de produção, coordena a programação da produção, o controle de qualidade, a mão de obra, os materiais e o estoque de produtos acabados.

INDUSTRIA GRÁFICA: Parque industrial com infraestrutura para serviços de pré-impressão, impressão e acabamento, em larga escala. Em muitas atividades, a indústria gráfica se caracteriza como setor de serviços pelas suas características de produção por demanda. Os serviços gráficos também estão inseridos na indústria de transformação em razão da alteração de matéria-prima em produto final.

JURÍDICO: É uma das áreas com maior permeabilidade nas organizações, tendo interfaces com vários departamentos, como Compras, Vendas e produção, Marketing, R&D, Recursos Humanos e Finanças. Com visão geral do negócio, monitora cada movimento da empresa, como o lançamento de um novo produto ou mudanças na sua estrutura, assegurando que tudo esteja dentro dos limites legais.

PESQUISA DE MERCADO: Equipe interna ou externa responsável por conhecer o perfil do cliente, estilo de vida, características comportamentais, hábitos de consumo etc. Estuda o mercado para identificar o segmento mais lucrativo, detectar novas tendências, avaliar a performance de seus produtos e serviços, identificar a quantidade ou volume que o mercado é capaz de absorver e a que preços esses produtos poderão ser vendidos.

Monitora a estratégia dos concorrentes, observa seus pontos fortes e fracos; o sistema de vendas e distribuição, políticas de preços e cobrança; a qualidade dos produtos e serviços.

PUBLICIDADE E PROPAGANDA: Setor especializado em campanhas e peças para a divulgação da imagem da marca. A partir do propósito estabelecido para a marca, define a abordagem e os meios de comunicação mais adequados à campanha: anúncios, comerciais de rádio e televisão, banners e aplicativos, entre outras ações.

RECURSOS HUMANOS: Recrutamento e treinamento de pessoas com o objetivo de integrar os melhores colaboradores que correspondam as demandas dos planos táticos e operacionais de uma organização.

RELAÇÕES PÚBLICAS: Sua função é promover e preservar a boa imagem da empresa perante o público interno e o externo. Divulga a imagem da marca reforçando sua missão e valores para os colaboradores internos, criando um canal de comunicação que valorize as ações da empresa para todos os stakeholders.

SOUND DESIGN: Cria uma harmonia, composição musical ou efeito sonoro relativo ao conceito da marca. Explora possibilidades expressivas do som para definir assinaturas sonoras para a marca ou para seus produtos e aplicativos.

TECNOLOGIA DA INFORMAÇÃO: Além do processamento de dados, sistemas de informação, engenharia de informática (incluindo o uso de hardware e software), telecomunicações, automação, recursos multimídia, que são utilizados pelas organizações para fornecer dados, informações e conhecimento, envolve também os aspectos humanos, administrativos e organizacionais que correspondem às questões relativas ao fluxo de trabalho, às informações e às pessoas envolvidas.

TYPEDESIGNER: Profissional da área do design especializado no desenho de caracteres tipográficos, para aplicações tipográficas específicas tais como logotipos, alfabetos institucionais, design editorial, sinalização etc. Domina procedimentos de projeto para fontes digitais, desde abordagens para testes de legibilidade e leiturabilidade em profundidade, como o desenvolvimento de alfabetos completos em vários idiomas. Transfere um repertório cultural e simbólico ao design do tipo.

TABELA 1

MANUAL DE IDENTIDADE CORPORATIVA   ROTEIRO CLÁSSICO DE PROJETO

	ETAPAS	DETALHAMENTO	EDIÇÃO	COMPETÊNCIAS
MI 01	**MARCA, LOGOTIPO E SÍMBOLO** *Grid* de ampliação, de construção e ou malha circular	Construção do logotipo	⊘	Dɢ
		Construção do símbolo	⊘	Dɢ
		Construção da marca	⊘	Dɢ
MI 02	**FAMÍLIA TIPOGRÁFICA**	Institucional	⊘	Dɢ Tʏ
		Completa	⊘	Dɢ Tʏ
MI 03	**USO DAS CORES**	Variações em positivo e negativo	⊘	Dɢ
		Gama de cores que envolvem a marca e sua estrutura de uso	⊘	Dɢ
		Definição da cor PANTONE *(fórmula guide)* correspondente em CMYK e RGB	⊘	Dɢ
		Variações no uso sobre fundos coloridos e perturbados	⊘	Dɢ
MI 04	**FORMAS DE USO INCORRETAS**	Interdições	⊘	Dɢ
		Proibições	⊘	Dɢ
		Usos desaconselhados	⊘	Dɢ
MI 05	**PAPELARIA BÁSICA** Com as medidas especificadas, os insumos e a aplicação de cores	Papel carta	⊘	Dɢ Iɢ
		Envelopes	⊘	Dɢ Iɢ
		Cartões de visita	⊘	Dɢ Iɢ
		Envolope saco	⊘	Dɢ Iɢ
MI 06	**PAPELARIA COMERCIAL** Com as medidas especificadas, os insumos e a aplicação de cores	Memorandos e formulários	℮	Dɢ Eᴘ Tɪ
		Notas internas	℮	Dɢ Eᴘ Tɪ
		Comunicados departamentais	℮	Dɢ Aᴅ Tɪ
		Notas fiscais	⊘	Dɢ Aᴅ Tɪ

MARCAS DESIGN ESTRATÉGICO **A sistematização da identidade visual**

	ETAPAS	DETALHAMENTO	EDIÇÃO	COMPETÊNCIAS		
MI 07	**PAPELARIA DE COMUNICAÇÃO** Com as medidas especificadas, os insumos e a aplicação de cores	Home page	ⓔ	DG	AD	MK
		Assinatura de e-mail	ⓔ	DG	AD	MK
		Comunicados à imprensa	ⓔ	MK	PP	
		Pasta portifólio	⊘	DG	IG	
		Pasta apresentação	⊘	DG	IG	
		Pasta proposta	⊘	DG	IG	
MI 08	**PAPELARIA PRESIDÊNCIA** Com as medidas especificadas, os insumos e a aplicação de cores	Cartões	⊘	DG	IG	
		Papel carta	⊘	DG	IG	
		Envelope	⊘	DG	IG	
MI 09	**COMUNICAÇÃO EXTERNA** Documentos necessários para a comunicação com os clientes/público	Estrutura de anúncios publicitários	ⓔ	DG	PP	
		Estrutura de *banners* institucionais e publicitários	⊘	DG	PP	
		Estrutura de anúncios de emprego	⊘	DG	PP	
		Estrutura de informativos de balanço etc.	⊘	DG	FN	
MI 10	**SINALIZAÇÃO** Com detalhamento técnico, medidas e perspectiva	Sinalização interna	⊘	DG	AQ	
		Sinalização identificadora	⊘	DG	AQ	
		Sinalização de percurso	⊘	DG	AQ	
		Sinalização externa	⊘	DG	AQ	
		Fachada	⊘	DG	AQ	
		Pontos de venda	⊘	DG	AQ	MK
MI 11	**UNIFORMES** Com detalhamento técnico e tecidos empregados	Funcionários internos (escritório, produção, manutenção etc.)	⊘	DG	AD	CT
		Funcionários externos (mensageiros, técnicos, vendedores etc.)	⊘	DG	AD	CT
MI 12	**VEÍCULOS DE FROTA** Desenho técnico do veículo com a aplicação	Veículos leves	⊘	DG		
		Veículos pesados	⊘	DG		
		Veículos de manutenção	⊘	DG		

	ETAPAS	DETALHAMENTO	EDIÇÃO	COMPETÊNCIAS
MI 13	**EMBALAGENS** Detalhamento em planta com medidas e dados a serem inseridos e processos de impressão	Sistema de embalagem para segmento de produto	ⓔ	Dɢ Iɢ Eᴘ Mᴋ Pᴍ Dɪ Gᴘ
MI 14	**AMBIENTE CORPORATIVO** Conceito, desenho e detalhamento técnico	Sedes e filiais	ⓔ	Dɢ Aᴅ Aǫ
MI 15	**PONTOS DE VENDA** Conceito de lojas, escritórios, sedes	Posições em lojas multimarcas	ⓔ	Dɢ Aᴅ Aǫ
		Lojas próprias	ⓔ	Dɢ Aᴅ Aǫ
MI 16	**FEIRAS E _STANDS_** Conceito, desenho e detalhamento técnico	Quiosques	ⓔ	Dɢ Aᴅ Dᴘ
		Stand	ⓔ	Dɢ Aᴅ Aǫ
		Demonstradores móveis ou portáteis	⊘	Dɢ Aᴅ Dᴘ Dɢ Eᴘ
MI 17	**GRAVAÇÃO DA MARCA NOS PRODUTOS DA EMPRESA**	Gravação, impressão, em baixo ou alto-relevo	ⓔ	Dɢ Iɢ Mᴋ
MI 18	**GRAVAÇÃO DA MARCA NOS BRINDES OFERECIDOS PELA EMPRESA**	Gravação impressa em silkscreen, topografia ou laser	ⓔ	Dɢ Iɢ Mᴋ

A ESTRUTURA DO MANUAL DE IDENTIDADE CORPORATIVA

Um manual é composto por informações corporativas, relativas à gestão; orientativas a respeito dos signos visuais e design, e instrucionais a respeito das técnicas de execução dos diversos materiais. Os **Itens pré-manual** são fundamentais, pois auxiliam na documentação histórica do projeto, preservam seus autores, circunstâncias do design, e a equipe deliberativa da empresa responsáveis pelo design. Deveriam ser obrigatórios como fator de preservação da memória da organização.

INTRODUÇÃO

Apresenta a data e as circunstâncias da execução do manual, os designers e gestores que **assinam** pela responsabilidade do projeto, bem como o **conceito da marca** e, quando for o caso, os motivos do redesign.

SUMÁRIO

Por ordem dos tópicos do projeto e na sequência que figuram no manual, deve identificar não só a seção, mas também a página específica de cada documento para fácil consulta.

Após o sumário começa o manual em si:

MI 01. MARCA /LOGOTIPO E SÍMBOLO
CONSTRUÇÃO DO LOGOTIPO
CONSTRUÇÃO DO SÍMBOLO
CONSTRUÇÃO DA MARCA

Deve apresentar a construção isolada de cada componente da marca, logotipo, símbolo e *tagline* se houver. Para cada elemento são detalhados o espaço entre as letras e as relações da posição espacial entre todos os elementos do conjunto. Apresentam-se as partes isoladas e depois as relações estabelecidas entre todas elas na composição. Não se usa unidades métricas, e sim relações de proporções, pois todo o conjunto pode ser aplicado em qualquer tamanho. Muitos manuais apresentam a relação em centímetros dificultando a conversão para outras medidas, configurando um erro.

MI 02. FAMÍLIA TIPOGRÁFICA COMPLETA

São apresentados os alfabetos adotados no sistema. O alfabeto institucional é eleito para a tagline e papelaria, ou no qual foi composto o tipograma, ou mesmo quando serviu de base para o logotipo e foi desenvolvido com exclusividade para uso da organização. Apresenta também as famílias de fontes auxiliares empregadas na papelaria, comunicação e demais materiais gráficos com os devidos pesos utilizados. Para alguns projetos há a inclusão de uma fonte para documentos processados e visualizados em telas (aplicativos, planilhas, sites etc.) que exigem uma fonte customizada especialmente para esse fim, assegurando maior conforto de leitura.

MI 03. USO DAS CORES

Aqui são apresentadas as cores oficiais da marca e as relações estabelecidas entre elas para uso. **Definição das cores:** Referências técnicas de composição das cores para os diferentes meios de reprodução na indústria gráfica e em mídias digitais. Podem ser especificados códigos de cores de substratos vinílicos, tintas esmalte e látex para personalização de espaços físicos e pontos de venda.

Para a definição de cores sólidas, é empregada a escala Pantone *formula guide*. Apresenta sua correspondência de cor na escala CMYK, e na conversão em RGB para mídias digitais. A mesma versão digital é convertida para hexadecimal para sites em HTML; e, conforme a natureza da organização, pode haver a necessidade de incluir a cor equivalente em esmaltes sintéticos para pinturas metálicas e em epóxi para pintura eletroestática. E para a personalização de ambientes corporativos e pontos de venda, há a inclusão de especificação dos códigos das cores equivalentes em substratos vinílicos ou tinta látex para pintura de edificações etc.

| GRID

O *grid* de ampliação acima, dividido por unidades e não centímetros, e abaixo o *grid* de construção e/ou malha circular. Conforme as características da marca, pode ser necessário a apresentação dessas estruturas. Vale ressaltar que uma **marca concebida e relativizada respeitando uma estrutura geométrica e proporções internas adquire uma solução de desenho mais consistente e eficaz.** Marca desenhada pela Consolo & Cardinali Design para Zen S.A. Indústria Metalúrgica, 2002.

VARIAÇÕES EM POSITIVO E NEGATIVO
GAMA DE CORES QUE ENVOLVEM A MARCA E SUA ESTRUTURA DE USO
VARIAÇÕES NO USO SOBRE FUNDOS COLORIDOS E PERTURBADOS.

Geralmente, nesse quesito coloca-se a marca sobre fundos com muita informação para testar seu contraste. De maneira inadvertida, alguns designers, ao identificar que o resultado não é legível, interditam a aplicação. O objetivo do manual é apresentar soluções para os possíveis problemas que os gestores da organização irão encontrar, portanto deve ser apresentada uma solução para esses casos e até para situações mais difíceis. Sempre há uma solução possível, e já deveria ter sido estudada durante o processo de desenvolvimento do desenho da marca. Cabe ao designer definir um signo visual versátil e *a priori* possível de ser aplicado sem muitas restrições, ou infindáveis orientações para cada um dos usos. Quando isso acontece é reflexo que o desenho da marca não foi estudo à exaustão, ficou no meio do caminho. Não é efetivamente uma solução de design.

MI 04. FORMAS DE USO INCORRETAS

Nesse tópico são ilustradas todas as composições que **alteram a percepção da marca e dos elementos construtivos do sistema**. Inclui a apresentação de todas as previsões de substituições inadequadas de fontes, alterações ou inversão das cores e dos tons. Conforme o caso, deve-se incluir orientações para usos inadequadas de posição da marca no espaço ou na proximidade com outras informações. Também são demonstrados nesta seção recortes e supressão de elementos que descaracterizam a marca, substituições indesejadas de parte ou fração de seus elementos ou subtração de grafismos de apoio.

MI 05. PAPELARIA BÁSICA

Cartões de visita, papel carta (rosto e continuidade), envelopes ofício, envelopes saco, pastas de apresentação de propostas ou para *press-kit*, com as medidas especificadas, aplicação de cores e definição do tipo de papel, da gramatura e processos de impressão. A partir deste tópico, um detalhamento da forma, da composição e dos elementos construtivos é minuciosamente explicado, contendo a composição gráfica com todos os textos e nas fontes com o corpo e peso da tipografia. Todas as medidas exatas e relativas entre os elementos da composição devem ser apresentadas.

Para cada item, deve haver um descritivo das especificações técnicas para a produção em escala industrial. Muitos manuais apresentam somente uma imagem do *layout* do cartão e demais itens sem as devidas especificações. Tal procedimento abre uma porta para sugestões de substituições por parte dos fornecedores, com argumentos que afirmam que o resultado será o mesmo por menor custo, muitas vezes como uma tentativa de executar a tarefa sem mesmo possuir os recursos necessários. Uma falha de planejamento na gestão aciona erros em cascata.

MI 06. PAPELARIA COMERCIAL

Igualmente aos itens anteriores, os documentos internos, como nota fiscais, memorandos, comunicados departamentais, e documentos relativos ao funcionamento operacional da organização devem ser detalhados e acompanhados das especificações para produção.

MI 07. PAPELARIA DE COMUNICAÇÃO

PORTFÓLIO DE PRODUTOS E SERVIÇOS
COMUNICADOS À IMPRENSA, *PRESS-KIT*
CONVITES, CARTÕES DE AGRADECIMENTO
DEMAIS MATERIAIS DE APRESENTAÇÃO DA EMPRESA

O mesmo para estes casos, salvo que aqui devem ser elaborados *templates*, pois o conteúdo não é fixo, o desejado é a definição de uma estrutura que dialogue com todo o projeto de identidade.

MI 08. PAPELARIA PRESIDÊNCIA E CONSELHOS

De acordo com o porte da organização, é desejada uma distinção dos materiais gráficos usados pelos cargos de maior responsabilidade, justamente para reconhecê-los entre os documentos que circulam dentro e fora da corporação. Geralmente o Conselho e presidência adotam materiais mais sóbrios e sofisticados em relação aos usados em grande quantidade na área comercial.

MI 09. COMUNICAÇÃO EXTERNA

Documentos necessários para comunicação com os clientes/público. Diferentes da papelaria de comunicação, aqui são projetados os materiais pertinentes à esfera de cada segmento de negócio. Conforme a atuação da empresa, uma série de materiais são culturalmente relacionados e esperados na atividade da empresa perante seus públicos. Por exemplo, para uma companhia aérea é adequado ter um *voucher* de passagem aérea, aparência do cartão de embarque (mesmo que gerado eletronicamente), *tag* identificador de bagagem, materiais para o serviço de bordo etc.

Outro exemplo, para um restaurante, espera-se a apresentação de cardápio, carta de vinhos, e estabelecendo uma relação com o conceito da marca e da casa como um todo, apresenta-se a composição da cobertura das mesas, design das louças, cartão de reserva etc.

ESTRUTURA DE ANÚNCIOS PUBLICITÁRIOS
ESTRUTURA DE *BANNERS* INSTITUCIONAIS E PUBLICITÁRIOS
ESTRUTURA DE ANÚNCIOS DE EMPREGO
ESTRUTURA DE INFORMATIVOS DE BALANÇO ETC.

Para os quatro itens os *grids* devem ser projetados, pois irão orientar a distribuição das informações a partir do conceito norteador da identidade visual. Nesses casos apresenta-se uma orientação para o desenvolvimento de cada material dentro de uma estrutura que possa ser produzida em várias escalas. As medidas ou unidade referente a cada formato devem ser relativas, e não unidades métricas exatas.

A orientação é relativa à hierarquia da composição, quais elementos serão presentes, sua posição na página, bem como áreas destinada às imagens, assinaturas e logotipos.

MI 10. SINALIZAÇÃO

    SINALIZAÇÃO INTERNA
    SINALIZAÇÃO EXTERNA

Apresentam-se neste item as unidades de **comunicação pontual**, sua estrutura formal, os códigos cromáticos e o uso da tipografia. Geralmente, há a intervenção em uma vista frontal, em corte e em planta. O mesmo para os demais itens de todo o sistema, como a sinalização de percurso e de localização. Os manuais clássicos têm o detalhamento técnico dos materiais, como espessuras, processos de gravação e montagem. O porte da empresa merece um memorial à parte, devido a sua complexidade, a grande quantidade de informações, plantas de localização dos pontos de intervenção e diversidade de placas.

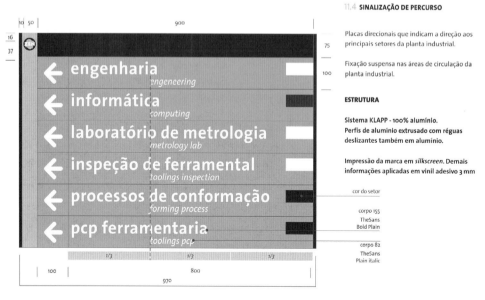

11.4 **SINALIZAÇÃO DE PERCURSO**

Placas direcionais que indicam a direção aos principais setores da planta industrial.

Fixação suspensa nas áreas de circulação da planta industrial.

ESTRUTURA

Sistema KLAPP - 100% alumínio.
Perfis de alumínio extrudado com réguas deslizantes também em alumínio.

Impressão da marca em *silkscreen*. Demais informações aplicadas em vinil adesivo 3 mm

MI 11. UNIFORMES

FUNCIONÁRIOS INTERNOS /ESCRITÓRIO, PRODUÇÃO, MANUTENÇÃO ETC.
FUNCIONÁRIOS EXTERNOS /MENSAGEIROS, TÉCNICOS, VENDEDORES ETC.

O design do uniforme prevê uma comunicação dos valores da empresa por meio da escolha do material, do modelo, e do design das peças do vestuário para a realização de determinadas funções pelos funcionários. O design dos uniformes deve ser uma declaração ética e deve privilegiar o conforto pela modelagem adequada ao trabalho, ao clima e à dinâmica da atividade. No manual, são apresentados o estilo, a modelagem, a especificação técnica dos tecidos, contendo a referência do fabricante, do código do artigo, da cor, e a localização e o processo de gravação da marca nos uniformes.

MI 12. VEÍCULOS DE FROTA

VEÍCULOS LEVES
VEÍCULOS PESADOS

O projeto deve ser feito sobre um desenho oficial do veículo a ser utilizado, chamado *blueprint,* que são suportes para o desenho técnico, com vistas ortogonais detalhadas. Muitas vezes, quando o projeto de aplicação é elaborado sobre um desenho esquemático, quase sempre, no momento da execução, depara-se, por exemplo, com trilhos de portas, volumes na carroceria que não haviam sido considerados no projeto. Nesses casos, quem soluciona o problema é o aplicador, muitas vezes interferindo nos arquivos, reduzindo a área de aplicação. Portanto, deve-se indicar as informações em escala fiel e com o detalhamento técnico adequado para sua execução, com as especificações de quais processos serão usados, como pintura, envelopamento ou aplicação de vinil.

MI 13. EMBALAGENS

As embalagens por si só também merecem um manual à parte. Geralmente, o sistema desenvolvido contempla uma variedade de famílias de produtos, e em uma mesma família pode ocorrer formatos diferentes. No manual de identidade corporativa, deve constar a estrutura gráfica, a arquitetura das informações e a lógica concebida para criar consecutivamente novas embalagens para os diversos produtos que serão lançados, sempre objetivando conseguir a mesma visibilidade para todo o conjunto. O resultado visual deve ser equivalente nos diferentes tamanhos e formas. Caso uma empresa tenha um só formato de embalagem, basta apresentar a sua planificação e a distribuição das informações nas suas faces. Porém, quando o conjunto é extenso, deve ser planejado um guia especificamente voltado para a engenharia de produção. Neste caso, o detalhamento em planta com medidas e dados de impressão são extensos e deveriam ser destinados aos setores industriais pertinentes. Não seria o caso de incluí-los no manual dos gestores.

MI 14. AMBIENTE CORPORATIVO

Neste item é demonstrado o conceito da sede da organização, e o ambiente e mobiliário aplicados às lojas e escritórios regionais, com demonstração dos elementos de comunicação aplicados ao espaço e à inserção dos demais elementos identificadores. Aqui já deve ser incluída a participação de um profissional de arquitetura que será responsável pela concepção espacial baseada no conceito da marca e pelo desenvolvimento do projeto executivo em detalhes. No manual, só é apresentada uma visão dos ambientes, quando deveria haver um memorial específico, com detalhamento executivo.

MI 15. IDENTIFICAÇÃO DE PONTOS DE VENDAS

Consiste em uma proposta visual de materiais de *merchandising,* folhetos, faixas, *banners* etc. Nesses casos, apresenta-se uma orientação para o desenvolvimento de cada material a partir de uma estrutura que possa ser produzida em várias escalas, um *template* com o esqueleto, e a localização onde será inserido determinados conteúdos. As medidas ou unidades referentes ao formato são relativas, e não unidades métricas exatas.

MI 16. FEIRAS E *STANDS*

Geralmente, é uma simulação virtual de como será a estrutura física, o tratamento das superfícies, as cores e uma prévia da comunicação visual. Esse tipo de projeto é executado em parceria com o arquiteto, discutindo-se os parâmetros caso a caso, e desenvolvendo o projeto executivo para cada necessidade. As especificações técnicas de execução não figuram no manual.

MI 17. GRAVAÇÃO DA MARCA NOS PRODUTOS DA EMPRESA
MI 18. GRAVAÇÃO DA MARCA NOS BRINDES OFERECIDOS PELA EMPRESA

Em ambos os casos, apresenta-se uma orientação de qual posição e qual técnica é adequada para a gravação da marca em diversas superfícies predefinidas. Deve conter o resultado gráfico esperado e como obtê-lo.

Como pôde ser constatado, o manual apresenta diretrizes de projeto e orientações executivas de apenas parte dos itens citados. O mais extenso dos manuais ainda demanda informações técnicas e projetos executivos complementares, como planificação, cortes, elevação, vista explodida, encaixes, sistemas de furação, fixação etc., para produzir alguns materiais físicos e os relativos à arquitetura. Na maioria dos casos o manual de identidade apresenta e explica as questões **gráficas** dos projetos, fato decorrente de ser um documento concebido exclusivamente pelo profissional do design gráfico.

Ao mesmo tempo que os manuais de identidade se tornaram o instrumento de regência do sistema, eles também imobilizam toda a tentativa de atualização da programação visual proposta pelo designer. Perante as novas exigências decorrentes da evolução do mercado, da prática do comércio ou de novas dinâmicas sociais, um projeto confinado em um manual não acompanha as mudanças na rapidez que acontecem. Quando se dá conta da defasagem é porque o projeto está graficamente ligado a uma outra época, o que geralmente desperta a necessidade de elaboração de um novo projeto total.

As definições do seu sistema foram concebidas e "costuradas" para funcionar como um todo, por longo tempo. Na época que o manual de identidade foi concebido não havia a expectativa de que poderia haver designers na gestão da identidade, como membros das equipes internas das empresas. Era projetado como o nome diz, um guia, para as equipes que "aplicavam" a marca.

O manual deveria ser editorado após todos os itens de comunicação da marca terem sidos desenvolvidos e aprovados. Ele é a diretriz da comunicação e apresenta o funcionamento do sistema da identidade corporativa. Porém, na prática, o processo às vezes não acontece nessa ordem. Não é raro o sistema ser concebido e o projeto ser realizado somente no papel, sendo as peças especificadas no manual sem ainda terem sua real efetivação. Esse descompasso acaba por colidir com situações nas quais o que foi idealizado não foi mais oportuno ou propício no momento de ser posto em prática. Somente na efetivação das ideias é que a eficiência de um projeto é testada.

Outro problema importante que deve ser apontado: o projeto é de propriedade autoral do designer e, ao mesmo tempo, os manuais, bem como todo o projeto, são parte do patrimônio da empresa. É como uma crise entre as partes como um redesign é realizado por um novo designer.

Os manuais são publicações de custo material elevado, envolvem profissionais especializados e geralmente são produzidos em número reduzido de exemplares. As cópias são destinadas aos CEOs e aos gerentes de comunicação e marketing da empresa, para a orientação e "fiscalização" dos demais departamentos. Na realidade, vários departamentos das corporações têm necessidades específicas de comunicação, ou de materiais para o dia a dia do funcionamento da empresa. Nem tudo passa pelo controle do marketing, e a autonomia de alguns setores propicia constantes solicitações ao departamento de suprimentos, na qual impera a lógica de uma boa administração financeira, onde são adotadas decisões de compras que nem sempre correspondem aos códigos visuais propostos no sistema de identidade corporativa.

O grande problema dos manuais de identidade é que eles foram concebidos como um memorial detalhado do projeto, em uma época na qual só era possível gerar a arte final pelo processo manual e com auxílio de ferramentas físicas, como um compasso, e tira-linhas, canetas a nanquim. E só existiam recursos manuais e mecânicos para a execução de peças gráficas, portanto, naquela época, perder parte ou uma matriz inteira significava perder o projeto.

Sem alterações na sua forma estrutural, os manuais de identidade permaneceram até o presente como documento oficial da identidade da organização.

Com os avanços tecnológicos digitais, o detalhamento tornou-se menos rigoroso, a própria construção geométrica da marca foi, aos poucos, abandonada e substituída por arquivos digitais com várias extensões para serem "abertos" nos diferentes *softwares* gráficos de edição de imagens e vetores. O manual passou a conter, mais precisamente, as diretrizes de regência do sistema, o uso detalhado e as especificações de cores e seus usos, incluindo o registro das dimensões de todos os itens do projeto com as suas fichas técnicas para a especificação de substratos e processos de impressão.

Por não ser considerado memorial de projeto e nem uma completa ferramenta executiva, o manual sempre ficou sob a posse de quem esteve envolvido no seu desenvolvimento, e não nos setores que compram e determinam a execução das peças. Ainda que estivesse sob a tutela dos departamentos operacionais, o manual é desenvolvido na linguagem de projeto, nos códigos que operam os designers, e não em uma linguagem indicada aos "leigos", que precisam saber como usar a marca em seus departamentos.

Outro ponto a ser destacado refere-se às especificações técnicas que abordam universos industriais específicos e configuram no manual em meio às especificações de desenho e diagramação. Esse fato sempre gera erros de interpretação, e muitas empresas chegam a criar o cargo do inspetor de comunicação visual, ou o "guardião" da marca. É o profissional que confere os materiais no momento que são entregues na empresa. No papel de "inspetor" passa a exigir minuciosamente o que foi solicitado; por outro lado, muitas vezes o projeto vai sofrendo alterações, gerando até erros. Tais erros acontecem porque as informações não foram entendidas como deveriam. A longo prazo, dependendo da estrutura da organização, o projeto vai se diluindo entre as adaptações inevitáveis que ocorrem na dinâmica da empresa e, não raro, com a complexidade de uso e o difícil acesso às informações que não foram planejadas pensando no usuário, mas sim como se todos dominassem o *métier* do designer.

As marcas vão sofrendo intervenções, e com o tempo torna-se necessário a retomada do projeto para ajustes, reposicionamento da marca e atualização do sistema de comunicação. Quase sempre o processo é refeito na totalidade; caso contrário, os públicos envolvidos com a marca entenderiam mudanças parciais como algo falso, que não estão de acordo com o sistema original já interiorizado.

Como é um processo caro, pois demanda muito investimento de tempo e de recursos financeiros, a tendência adotada por muitos empresários e designers é recriar a marca, transformando-a em um novo signo visual como marco de uma nova fase da organização. A cada redesign, seu histórico é apagado em prol de valorizar a nova identidade.

Geralmente, grandes corporações procuram manter o histórico evolutivo de suas marcas e embalagens. A vivência profissional nessa área permite fazer a afirmação de que somente uma pequena parte das peças gráficas desenvolvidas ao longo dos anos é mantida em arquivos. Os processos dos redesigns e critérios que contribuíram para tais decisões de projeto se perdem, ou mesmo foram descartados intencionalmente após a efetivação de um novo design.

Perante as necessidade de se ter em mãos o controle e de colocar a marca nos trilhos do posicionamento almejado, mais uma vez o designer é solicitado a planejar um novo e rígido sistema. Essa solução parece fazer com que as marcas tenham de ser relançadas a cada década e reapresentadas aos seus consumidores, fato que demanda altos investimentos em publicidade.

Como foi visto nos capítulos anteriores, a convivência com signos visuais seculares gera e mantém laços mais profundos nas sociedades em que atuam, desde que tenham recebido uma atualização gráfica na sua representação visual. Não sofre mudanças formais, só é atualizada a linguagem gráfica e o refinamento do seu desenho.

Se o manual de identidade é a orientação para a produção e o acompanhamento do sistema de identidade corporativa, a solução seria desmembrá-lo em grupos, compostos de itens de mesma familiaridade, e apresentar as informações técnicas de cada um deles em documentos separados, exclusivamente voltados para os fornecedores industriais. Cada qual na linguagem usual de seu setor industrial.

O fator preponderante que enfraquece o papel do manual é a atual facilidade na transferência de arquivos digitais. Com os avanços da tecnologia, deixou de ser necessária a reprodução das matrizes por processo manual. Os arquivos digitais tornam-se a cada dia "mais leves" e transportáveis, sendo facilmente anexados a uma mensagem de e-mail. Para segurança do projeto, bastaria criar um procedimento eficiente de *backups* em dispositivos de armazenamento de dados de alta capacidade (*data storage devices*). O manual na forma digital pode ser setorizado e distribuído aos departamentos específicos que necessitam dos arquivos e informações.

Muitas das diretrizes originais que compõem os manuais não se fazem mais necessárias, uma vez que os arquivos digitais já estão formatados de acordo com os requisitos, por exemplo, a própria marca carrega em si a malha construtiva. Os itens de papelaria já estão nos formatos com seus conteúdos diagramados, com as devidas tipografias nos corretos pesos e corpos, e, quando é necessário, acabamentos como facas especiais, recortes e altos-relevos, que fazem parte dos arquivos juntamente com as áreas de sangrias, marcas de corte etc.

Existe ainda uma sobreposição entre orientação e regras na execução dos sistemas. Os manuais ora apresentam orientações para o uso com autonomia pelos profissionais e setores diretamente envolvidos com a comunicação da organização, ora em outros momentos, no mesmo manual são apresentadas regras que limitam qualquer intervenção na comunicação da marca. A revisão dos processos metodológicos sempre se faz necessária. A integração com outras áreas do conhecimento é vital para se obter resultados efetivos e fundamentados. Não é mais possível planejar um sistema de identidade somente com o designer gráfico, o *type* designer e o tecnólogo de impressão. As diretrizes muito rígidas e predefinidas irão sempre se deparar com situações não previstas.

4

Brand books: um caminho aberto

Os **brand books** são publicações mais focadas em transmitir o conceito e o posicionamento da marca. Foi desenvolvido como uma solução para corrigir o problema de "engessamento" da comunicação, como anteriormente ocorria nos projetos acompanhados por meio de manuais de identidade. Os **brand books** geralmente apresentam as possibilidades gráficas do projeto, e não os documentos finais como serão impressos dentro de um sistema predefinido. Demonstram a versatilidade da linguagem visual e verbal da marca, e passou a ser uma publicação de cunho "inspiracional".

O **brand book**, que na tradução literal é o **livro da marca**, se tornou a ferramenta que apresenta a sua expressão, sendo um misto de manual de identidade com a inclusão da articulação do "estilo" de comunicação da marca, como ela se apresenta em seus pontos de contato, ambientes de compra, etc. extrapolando as limitações das explicações referentes aos materiais gráficos.

O seu ponto positivo e norteador é a orientação sobre o comportamento da marca perante o posicionamento definido pela organização. O ponto negativo é a abertura de possibilidades que a ferramenta apresenta, que diante da várias opções, os gestores desenvolvem outras terceiras.

Os **brand books** incorporaram dos manuais de Identidade a parte referente ao "design" da marca, suas diretrizes quanto ao desenho, às cores oficiais, e às suas respectivas especificações e relações cromáticas. (VER TABELA 2, p.108). E, de certa forma aboliram todas as explicações técnicas, que eram referentes aos projetos executivos, e o detalhamento dos materiais gráficos.

Foi um grande passo dado, pois a incorporação do planejamento estratégico passou a estar documentado e pode ser consultado como base para as decisões sobre as ações presentes e futuras referentes à expressão da marca, tanto para os gestores como para as demais áreas e colaboradores de criação. A responsabilidade do exito do projeto passou a recair sobre os gestores da marca e não exclusivamente aos escritórios de design e estratégia. Isso implica também a implementação de equipes internas de monitoramento da marca. Só há êxito quando se tem uma equipe dedicada.

O *brand book* é uma tentativa de corrigir direcionamentos isolados assumidos por agências de publicidade e comunicação contratadas, ou mesmo por equipes internas que trabalham setorizadas na gestão de determinado produto dentro do portfolio de marcas. Brilhantes planejamentos de marcas já foram arruinados por causa de decisões contraditórias ao projeto quando tomadas na fase de produção dos materiais de comunicação.

Alguns gestores, por sua vez, têm a ambição de registrar a sua passagem pela organização. E por motivo de pura vaidade alteram e determinam intervenções drásticas na comunicação das marcas cujo resultado diverge da missão definida *a priori*.

Marca só existe quando há um sistema organizado, no qual todos os fios se entrelaçam e formam um "tecido". Maleável, ajustável sim, mas que incorpore todo o repertório simbólico, cultural, material, sensorial e econômico que uma "marca" abrange e sobre o qual foi posicionada. E isso leva tempo, a construção de uma estratégia e do universo simbólico leva anos, não é possivel ser mudada a cada "verão". A falta de uma "amarração" no sistema esgarça o tecido.

Como o grande **manual da marca** institucionalizado, o *brand book* contempla, além das diretrizes estratégicas, a proposta de valor, as tangibilidades do posicionamento, os pilares visuais, a linguagem verbal e o glossário de palavras que a marca deve se apropriar para delimitar o seu **território** de atuação e conquistar um espaço na cabeça das pessoas.

Outra mudança é que parte da concepção não está exclusivamente nas mãos do designer, foram incluídos o desenvolvimento dos *brand books* profissionais de várias áreas, trabalhando em conjunto para que a estratégia esteja expressa em todos os pontos de contato da marca. Seu conteúdo compreende as orientações que envolvem desde o uso do símbolo à comunicação propriamente dita. Apresenta a voz da marca, ***taglines*** ou "grito de guerra", qual o tom que as menssagens devem ser proferidas. Inclui o ***casting*** (critérios de seleção de modelos etc. para filmes ou outro tipo de produção), a ambientação dos espaços corporativos e dos pontos de venda. A materialidade e a expressão tátil já são definidas e apresentadas como uma direção para as agências de propaganda, escritórios de arquitetura e demais profissionais que desenvolverão as aplicações ao longo da vida da marca.

Porém, *brand books* ainda apresentam lacunas. Os manuais eram instrucionais, mas ofereciam informações técnicas em excesso aos seus usuários, que nem sempre entendiam a linguagem, o jargão técnico, já os *brand books* por seu cunho inspiracionais, amputam informações. Geralmente apresentam somente os códigos e não a gramática que deve ser aprendida, permitindo assim a recomposição dos elementos por aqueles que farão uso do seu conteúdo.

Nesse ponto, abre-se uma questão sobre a validade de inspirar sobre a marca ou **orientar a experiência** da marca. É função dos gestores gerar um reconhecimento natural e gradual da marca e, consequentemente, a assimilação de sua mensagem. Entretanto, é ilusão acreditar que isso aconteça somente pelo acesso do material disponibilizado. Marca leva tempo, e é preciso disciplina diária no processo de criar recursos para sua "aprendizagem". Além disso, geralmente os *brand books* são feitos para as equipes internas de comunicação, e são poucos os que dão conta realmente de apresentar o conceito e os modos de expressão da marca para demais públicos em uma lingugem acessível, para que o conceito seja internalizado por todos os colaboradores e funcionários da organização que a marca representa. Muitas instituições acabam também desenvolendo o manual de identidade em conjunto e os disponibiliza para as equipes de produção.

Após a análise de mais de uma centena de *brand books* pôde-se constatar que continuam sendo de uso exclusivo das equipes de marketing e publicidade. Não são distribuídos para outros departamentos. Na maioria dos exemplares analisados, a publicação incorpora o universo visual da marca principalmente ao que se refere ao logotipo, cores, e estilo fotográfico com diretrizes de uso. Tais orientações impedem que a equipe de publicidade repense os conceitos a cada nova campanha, e deixam de ser uma fonte de inspiração, que era o propósito original da publicação, para mais uma vez convergirem para um código orientativo, determinando um estilo a ser seguido.

Não existe um modelo ou uma estrutura definida para confecção dos **brand books**. A Tabela 2 é uma estrutura proposta pela Consolo & Cardinali Design, fruto da experiência no desenvolvimento de projetos de identidade acumulada em décadas. Apresenta as etapas de projeto e as orientações dos elementos que devem ser desenvolvidas em cada uma delas para que um *brand book* forneça subsídios para uma experiência de marca que envolva os sentidos e também os aspectos sociais e culturais dela. É proposto aqui como um roteiro para a elaboração de todos itens necessários que responderão às expectativas dos usuários em qualquer ponto de contato, e mantendo-se a disciplina necessária, gerará a identificação e o reconhecimento de uma marca.

TABELA 2

BRAND BOOK IDENTIDADE ESTRATÉGICA DA MARCA

	ETAPAS	DETALHAMENTO	EDIÇÃO	COMPETÊNCIAS
BB 01	POSITION STATEMENT	posicionamento e palavra	⊘	Dc Mk Dth
BB 02	ESSÊNCIA DE MARCA	Mensagem-chave	⊘	Dc Mk
		Voz	⊘	Dc Mk
		Tom	⊘	Dc Mk
		Ênfase	⊘	Dc Mk
BB 03	ATITUDE DA MARCA	Aspectos visuais da comunicação com seus públicos	⊘	Dc Mk Be
BB 04	MARCA (Master Brand)	Marca prioritária	⊘	Dc
		Construção da marca geométrica e espacial	⊘	Dc
		Símbolo isolado	⊘	Dc
		Logotipo isolado	⊘	Dc
		Versões de disposição permitidas entre os elementos (grid)	⊘	Dc
		Reduções permitidas	⊘	Dc
		Área de proteção	⊘	Dc
BB 05	ASSINATURAS	Assinatura comercial	⊘	Ad Jd Be
		URL	⊘	Ad Jd

MARCAS DESIGN ESTRATÉGICO *Brand books*

	ETAPAS	DETALHAMENTO	EDIÇÃO	COMPETÊNCIAS
BB 06	**PADRÃO CROMÁTICO** Definições de uso	Cores oficiais da marca	⊘	Dc Be
		Escala Europa	⊘	Dc
		RGB	⊘	Dc
		Web Color	⊘	Dc
		Pantone (formúla *guide*) 　Papel com brilho 　Semibrilho 　Sem brilho	⊘	Dc
		Pantone (têxtil)	ⓔ	Dg
		Tintas 　Esmalte/automotiva/vinílica 　Vinil de recorte 　Tinta látex	ⓔ	Dc
BB07	**USOS CROMÁTICOS** Marca e situações cromáticas diversas	Sobre fundos de cores claras	⊘	Dc
		Sobre fundos de cores escuras	⊘	Dc
		Sobre fundos conturbados	⊘	Dc
		Sobre fundos padronados	⊘	Dc
		Sobre fundos fotográficos	⊘	Dc
BB 08	**ELEMENTOS GRÁFICOS DE APOIO**	Estrutura e organização	⊘	Dc Be
		Em dinâmica com a marca	⊘	Dc
		Em dinâmica isolada	⊘	Dc
		Em dinâmica com as cores oficiais	⊘	Dc
BB 09	**IDENTIDADE TIPOGRÁFICA**	Alfabeto institucional	⊘	Dc Ty
		Alfabetos auxiliares	⊘	Dc Ty
		Pictogramas específicos para comunicação	⊘	Dc Ty

	ETAPAS	DETALHAMENTO	EDIÇÃO	COMPETÊNCIAS
BB 10	**ARQUITETURA DE MARCAS**	Submarcas	(e)	Dc Mk Ad Be
		Hierarquia de marcas	(e)	Dc Mk Ad Be
		Estruturas gráficas	(e)	Dc
		Quanto à disposição permitidas entre os elementos de marca	(e)	Dc
		Quanto ao uso de cor	(e)	Dc Be
		Quanto à disposição com grafismos de apoio	(e)	Dc Be
		Quanto às estruturas tipográficas	(e)	Dc Be
BB 11	**COMUNICAÇÃO INSTITUCIONAL** Papelaria básica	Estrutura de *banners* institucionais	(e)	Dc Pp
		Cartões comerciais	(e)	Dc Ig
		Envelopes diversos	(e)	Dc Ig
		Papéis de uso institucional	(e)	Dc Ig
		Pastas e outros materiais	(e)	Dc Ig
	Papelaria especial para presidência e conselhos	Cartões comerciais	(e)	Dc Ig
		Envelopes diversos	(e)	Dc Ig
		Papéis de uso institucional	(e)	Dc Ig Ad
		Pastas para propostas	(e)	Dc Ig
BB 12	**COMUNICAÇÃO COMERCIAL** Papelaria comercial	Memorandos, notas internas, comunicados departamentais, notas fiscais.	(e)	Dc Mk Ad Ep
		Documentos pertinentes ao exercício das funções da organização	(e)	Dc Mk Ad Ti
BB 13	**IDENTIDADE SONORA**	*Sound statement*	(e)	Dc Be Sd
BB 14	**MATERIAIS** Especificidade e natureza dos materiais empregados no ambiente e comunicação	Dimensão tátil e simbólica	⊘	Dc Be

MARCAS DESIGN ESTRATÉGICO *Brand books*

	ETAPAS	DETALHAMENTO	EDIÇÃO	COMPETÊNCIAS		
BB 15	**AMBIENTES DE VAREJO E PROMOÇÃO**	Uso do espaço físico em unidades comerciais	(e)	Ad	Dg	Aq
		Conceito de mobiliário	(e)	Ad	Dp	Dg
		Estruturas físicas diversas	(e)	Ad	Dg	Aq
		Conceito para feiras e *stands*	(e)	Mk	Dg	Aq
		Embalagens	(e)	Mk	Dg	Ep
		Uniformes – equipe externa	(e)	Mk	Dg	Ct
BB 16	**COMUNICAÇÃO PUBLICITÁRIA** Atitude de marca e Personalidade de marca	Anúncios publicitários *Print* TV *Web*	(e)	Dg	Mk	Pp
		Banners institucionais	(e)	Dg	Mk	Pp
		Banners publicitários	(e)	Dg	Mk	Pp
BB 17	**GRAVAÇÃO DA MARCA**	Produtos	⊘	Dg	Ad	Ep
		Brindes	⊘	Dg	Ad	Ep
		Equipamentos	⊘	Dg	Ad	Ep
BB 18	**SELOS**	Promocionais	⊘	Dg	Mk	Pp
		Comemorativos	⊘	Dg	Mk	Pp

AS INCLUSÕES DO *BRAND BOOK* – DETALHAMENTO TABELA 2

Considerar a classificação já apresentada na p. 83 e na **Tabela 1** (p. 84-86).

BB 01. *position statement*

Apresenta o posicionamento assumido pela marca, sintetizado em uma frase que reúne o que a organização é, o que oferece, para quem e como oferece. Deve ser interiorizado por todos da organização, da telefonista ao presidente, um "mantra" que todos da organização, ao serem questionados sobre o que a empresa faz, repitam em uníssono. Essa prerrogativa tem uma implicação positiva nas microdecisões diárias, como até mesmo a escolha do tipo de clipe usado no escritório. Pode ser uma escolha neutra ou em acordo ao posicionamento, nunca contrária.

BB 02. ESSÊNCIA DA MARCA

MENSAGEM-CHAVE

É a mensagem que destila a essência da marca, deve ser usada pelo CEO, pelos gestores, promotores de venda etc. É a promessa ou os mandamentos que devem ser repetidos em todas as atividades com o público. É o lema da empresa.

VOZ

É a linguagem verbal. A escolha das palavras, e quem fala, se é primeira ou terceira pessoa do singular, ou primeira do plural. Se é uma linguagem técnica, instrucional, ou aconselhadora, austera ou amigável. A estrutura gramatical, como é dita a mensagem, causa uma diferença enorme. Seu uso de forma consistente proporciona identificação e reconhecimento da marca. Por exemplo, a voz da marca Havaianas é sempre irreverente e amigável. Não é a fala do engenheiro apontando os benefícios da borracha.

TOM

São características tonais extraídas da pirâmide de experiências do cliente. São guias para produção de peças gráficas, catálogos de produtos, peças audiovisuais, e para produção de mensagens institucionais e de venda. É a linguagem mais apropriada para reforçar a missão da marca. Exemplo: fale em um tom espirituoso mas demonstre confiança.

ÊNFASE

A ênfase é uma expressão que reforça o posicionamento da marca e reafirma a promessa, na linguagem e no tom que o usuário espera ouvir.

MARCAS DESIGN ESTRATÉGICO **Brand books**

BB 03. ATITUDE DE MARCA

São as decisões que precedem as definições dos pilares visuais, da materialidade dos substratos que farão parte do sistema. Por exemplo, po trás da comunicação da marca *Nike Football*, tanto nas fotos como na ênfase, as mensagens falam sobre o atletismo do esporte, tudo é permeado por uma atitude de "batalha", de uma luta em um campo de guerra. O atleta é colocado como um herói.

A marca e suas regras são correspondências de seus posicionamentos. Essas regras devem estar totalmente alinhadas à proposta de valor das marcas e ao porque o consumidor deve prestar atenção nela. Qual é o seu propósito? Quando não é claro, pode comprometer e até impedir o processo do consumidor perceber o benefício oferecido e querer incorporar essa marca na sua vida. Ao invés do *brand book* ser desenvolvido para inspiração de peças gráficas etc., deveria ser um guia que demonstra as possibilidades de levar os consumidores a vivenciar uma experiência de marca. A atitude de marca está diretamente ligada ao item. Apresentar quais atitudes da marca são esperadas e em quais situações ela não deveria se envolver.

BB 04. DETALHAMENTO DOS SIGNOS VISUAIS – SÍMBOLO E OU LOGOTIPO

São igualmente apresentados como acontece nos manuais de identidade, com as regras de posições entre seus elementos.

BB 05. ASSINATURAS

As URLs hoje ocupam o lugar que as razões sociais dominavam no passado. É o en- dereço em que se estabelece todos os níveis de interação com a organização e seus produtos. As assinaturas são importantes elementos de marca e podem ocupar o lugar do signo principal em determinadas situações.

BB 06. PADRÃO CROMÁTICO

Um projeto eficiente de marca deve propor o universo cromático, como já foi amplamente apresentado nesta edição. A definição da cor é o mais importante no sistema, é o elemento de reconhecimento mais instantâneo, e mais fácil de memorizar. Além de evocar a memória provocar associações com outros universos, tanto lógicas como emocionais, a cor expande a conotação. Desde a heráldica medieval, é o fator de maior reconhecimento e memorização dos sistemas de identidade.

BB 09. IDENTIDADE TIPOGRÁFICA

Quando não há nenhuma outra opção além de confiar na informação escrita, tanto a tipográfia como os ícones devem estar em conexão com a marca, sua voz e seu tom. As organizações devem fazer do seu conjunto tipográfico um dos pilares de sua identidade. A estrutura da tipografia, seus pesos, o corpo dos títulos e todas as relações internas da composição do texto expressam uma postura. A mensagem deve ser transmitida evitando outras interpretações, não se limita somente à adoção de uma família de fontes. Conforme a estrutura dos tipos, um título pode ser duro e incisivo, ou ameno e descompromissado.

Uma estrutura gráfica para títulos, com variações de estilo, deve ser definida assim como a hierarquia visual entre todos os elementos textuais (títulos, subtítulos, corpo do texto, citações etc.) precisa estar claramente determinada. Por exemplo, pode-se adotar uma diferenciação de peso para o corpo ressaltar ou destacar o sujeito, o verbo e o predicado em uma composição de títulos e chamadas. Essa unidade e consistência fará o reconhecimento da marca, mesmo com a ausência do signo gráfico.

A tipografia pode ter atitude e deve ser usada como um elemento que compõe os **fundamentos da linguagem visual** do projeto. O peso da tipografia e o desenho de cada um de seus caracteres devem ser compatíveis aos demais itens do sistema e devem estabelecer relações com ícones pictográficos, agora necessários em um projeto. Não é mais possível conceber um sistema de comunicação sem pensar nas interfaces digitais e consequentemente na identidade de seus ícones de acesso. Sempre que possível, pictogramas devem ser usados, tornam a busca pela informação mais eficiente, facilitando a visualização e a acesso mais rápido.

BB 10. ARQUITETURA DE MARCA

Deve ser definida de início e projetar a hierarquia entre as submarcas, demonstrando vínculos comerciais e categorias de produtos ou marcas da organização. A sua visualização gráfica deve corresponder à hierarquia em relação à marca principal e aos ativos da organização. Os consumidores devem entender visualmente as explicações formais e a que faixa da arquitetura de marcas aquela marca específica corresponde.

No caso de incorporações e *co-branding*, deve-se definir os critérios de convívio com a marca principal, para aconteça uma somatória de valores, tanto visuais como de valor agregado.

Muitos elementos da Tabela 1 permanecem na Tabela 2, porém revisitados. Outros que demandam projetos específicos, com detalhamento técnico minucioso e de total interesse e segurança da organização, foram excluídos. A mudança mais significativa está nas possibilidades de edição permitidas a partir do item **BB 10**.

Embalagens requerem desenvolvimentos tecnicos próprios e são de uso exclusivo da empresa, não precisam estar no *brand book* para inspirar uma campanha publicitária. De maneira diferente do manual, agora é prevista uma atualização da comunicação e da materialidade do projeto com maior frequência. A dinâmica do cenário econômico e a fluidez das mensagens influem nas relações das marcas com o perfil das organizações. A comunicação não é um engessamento, mas sim um leque de oportunidades da marca se expressar onde ela deve figurar, e acompanhar as mudanças dos consumidores. As transformações sociais acontecem em uma velocidade jamais vista, e a tendência é só aumentar. Se uma marca se posiciona como prestativa, como um apoio para rotinas do dia a dia, é fato que essas rotinas se alteram muito rápido, então a marca teria um acompanhamento muito regular para manter seu propósito. Até mesmo adotando novos canais de comunicação sistematicamente. E sofrer revisões dos seu códigos para acompanhar as mudanças geracionais dos seus consumidores.

As marcas não devem tentar acompanhar tais fenômenos exercendo alterações sobre elas próprias. Anteriormente era prática, em casos que a marca perde pouco a pouco a ligação com seu propósito, efetuarem alterações de desenho no símbolo e logotipo para "parecem" novamente atuais. A comunicação da marca é que deveria sofrer atualização, e nos ambientes em que essa dinâmica é mais percebida, como pontos de venda e promoção, nas mensagens publicitárias e na comunicação comercial.

BB 11. COMUNICAÇÃO INSTITUCIONAL

Deve ser elaborada dentro da essência da marca. É uma oportunidade de expressão junto às equipes internas e *stakeholders*. Envolve as equipes na linguagem da marca. Documentos, planilhas etc. devem ser dinâmicos e acompanhar as necessidades diárias, podem ser todos digitais, mas qualquer documento físico, qualquer memorando, deve expressar sua essência. A organização que melhor faz isso é a Apple. O primor de suas embalagens, com faca de corte, vincos e encaixes precisos até a cinta que prende um cabo de energia; nenhum detalhe é desprezado. Todos os materiais da empresa seguem uma diretriz tátil e ao mesmo tempo minimalista. Nenhuma necessidade é resolvida em uma loja de insumos para escritórios.

BB 13. IDENTIDADE SONORA

Atinge os usuários mesmo que não estejam envolvidos ou interessados no produto. Importante elemento de marca, pois amplia o processo cognitivo, atinge graus de percepção e reconhecimento em situações de completa ausência de signos visuais ou de qualquer referente da organização. O *"plim-plim"* da rede Globo é um sinalizador da programação. O ronco de uma Harley-Davidson aciona todo o imaginário em torno das expectativas dos consumidores, mesmo havendo a possibilidade, pela tecnologia disponível, de se fabricar um motor silencioso.

BB 14. MATERIAIS

Materiais são carregados de informação e fazem parte do nosso repertório cognitivo. Tomando novamente a *Nike Football* como exemplo, para reforçar o conceito e a dimensão imagética da marca foram empregados nos pontos de venda e em feiras e estandes, materiais e revestimentos que estão presentes em vestiários e estádios de futebol, tudo para levar os consumidores ao universo do esporte. Não se trata somente de apelar aos sentidos, mas também de proporcionar uma experiência "segura e controlada" do imaginário do esporte profissional.

Materiais transmitem conceitos, sensações táteis e contribuem para a construção do universo semântico, da nossa memória. Pensar nos suportes é pensar na essência para transmissão das informações, pois eles já são impregnados de significados. Quando adotados, essas características e memórias são incorporadas ao projeto.

BB 15. AMBIENTES DE VAREJO E PROMOÇÃO

Entre os itens revisitados, está o ambiente corporativo, que se subdividia em sede, filiais e lojas, e passou a ser identificado como ambientes de varejo e promoção. O projeto da sede não precisa estar contido no *brand book*, pois existe uma instância específica para esse fim. Não há necessidade de colocá-lo como item "inspiracional"; os ambientes de varejo e promoção sim são dinâmicos e recebem intervenções constantes. Seria até uma estratégia manter sigilo das especificações técnicas e detalhamento arquitetônico dos postos de vendas.

BB 16. COMUNICAÇÃO PUBLICITÁRIA

O ***branding*** incorporou o termo *storytelling* para se referir ao discurso e estilo fotográfico/cenográfico. O termo remonta a histórias narrativas que retratam como os

MARCAS DESIGN ESTRATÉGICO *Brand books*

A imagem acima e do centro apresentam páginas do *brand book* desenvolvido para as marcas de futebol profissional da *Nike*, 2009.

A imagem abaixo demonstra uma das *Nike Store*. Um trabalho conjunto de design, engenharia e modelagem 3D para produzir manequins com a reprodução fiel dos movimentos físicos de um atleta profissional na ação de uma partida ou treino. Mais um componente para trazer ao consumidor a sensação próxima do esporte.

consumidores podem desfrutar experiências com os produtos, e como eles ajudam na vida de cada um deles. Os profissionais de estratégia podem recortar a cena fotográfica do largo espectro do segmento de atuação da organização, mas o mais importante é demonstrar como os produtos podem trazer benefícios para a vida dos consumidores. O **storytelling** não é para ser uma estória fictícia, uma invenção para iludir os consumidores, como "o nosso produto é uma receita secreta trazida de outro continente pelo avô", quando na realidade é um produto de massa que usa tal recurso apenas para despertar vínculos emocionais com o consumidor. Marcas têm a obrigação de ser verdadeiras. Toda e qualquer organização tem uma história, foi construída por alguém, gerou empregos, movimentou a economia, impactou na vida das pessoas. É só valorizar isso e não ter vergonha de uma origem comum. O mercado mudou, e não há mais espaço para marcas que enganam seus consumidores. Ao identificar uma mentira, o consumidor desacredita na marca como um todo.

A comunicação deve se concentrar em demonstrar a pertinência da marca, e permitir que consumidores, de qualquer extrato social e econômico, as adotem porque isso tem relevância para suas vidas.

Para definir esse universo visual, deve-se ter em mente: a marca deve produzir suas próprias imagens, nada de usar banco de imagens no qual pode-se correr o risco de comprar uma fotografia que foi usada em vários outros contextos, de campanha para vacinação à liquidação de *shopping center*. Deve-se definir um estilo, uma luz, uma atmosfera para que façam parte de um mesmo conjunto, pois a determinação de padrões cromáticos, com o tempo, faz com que todas as imagens sejam reconhecidas como um dos pilares visuais da marca.

BB 17. SELOS

Cairam em desuso por alguns anos, mas deveriam ser incorporados novamente. São versáteis, mantém independência em relação aos demais materiais de comunicação e são uma ferramenta para pontuação do tempo e de conquistas da empresa.

Em resumo, para que o sistema da identidade da organização atue de forma consistente, suas estruturas sintática, semântica e pragmática devem estar articuladas em uma gramática. Só apresentar os pilares visuais para uma livre construção sintática por terceiros não assegura unidade e nem êxito na aplicação do sistema. A apresentação dos códigos semânticos para livre uso podem ficar sujeitos a uma ressignificação e conforme são adotados e transformados no contexto cultural.

Um guia que apresenta as estruturas geométricas implícitas adotadas na construção dos materiais gráficos não faz mais sentido. Os arquivos podem ser transportáveis de forma rápida e eficiente e já contêm todas as informações embutidas, e devem ser enviados aos canais específicos para produção. Informação de menos causa prejuísos, e demais, causa confusão, erros.

Vimos também que um sistema aberto para livre interpretação e uso dos códigos simbólicos pode facilitar o desuso de alguma das variantes oferecidas; ao contrário do previsto, pode-se assumir uma gramática mais conservadora e limitada, decorrente

Coca-cola Visual Identity System design do escritório Turner Duckworth Londres & San Fracisco. Recebeu um Leão de Ouro em Cannes na categoria identidade de marca, em 2008, pelo design da garrafa em alumínio. O Copo da Coca-Cola usa imagem do *shape* original e reforça o imaginário da garrafa e vínculos afetivos.

da repetição das mesmas escolhas, tornando a solução mais usada como a identidade oficial da marca. Uma marca pode ter vozes e tons diferentes para grupos distintos de consumidores, entretanto deve-se manter íntegra ao seu propósito e valores. Diferenciais, tecnologias, comportamentos e atitudes mudam com o tempo. A marca deve buscar sempre uma sintonia com seus usuários e se adiantar às expectativas que ainda são latentes para eles. A comunicação não pode ser estável, a lógica da sociedade não condiz mais com essa solidez.

A marca é o grande patrimônio, é o signo catalisador de uma memória, de uma cultura acumulada sobre a imagem daquilo que ela representa. É a chave de ligação, consolidada por meio de várias gerações, com o repertório cognitivo referente à sua história e memória. É necessário revisitar o sistema com mais frequência para acompanhar a dinâmica da sociedade. O logotipo e o símbolo não devem ser alterados a cada mudança de gestão. Deve-se mantê-los como um "monolito", tanto a marca visual e/ou símbolo como as cores e os principais pilares visuais de identificação. Como a cor laranja do banco Itaú, que não está no símbolo, é um dos, ou o maior pilar visual da marca. Um outro exemplo para isso é o logotipo da *Coca-Cola*, o vermelho como power color, e o grafismo da onda nas suas embalagens, são elementos que se mantêm-se fiéis ao design original. Gerações têm aclamado pela manutenção do *shape* original da garrafa. Porém, sua voz e seu tom na comunicação acompanham o cenário, mudam com as gerações, e as novas tecnologias são incorporadas no sistema, tanto para as embalagens como para os demais produtos voltados à comunicação da mensagem.

As escolhas dos materiais colocam a marca em sintonia com o mercado. A tradicional garrafa agora é oferecida em alumínio, sem perder o lastro com a tradição.

Campanha de verão da Coca-Cola com o tema mundial: "Compartilhar uma Coca-Cola." A Coca-Cola trocou seu logotipo por aproximadamente 250 dos nomes mais populares do país entre os adolescentes e os *Millennials*

A nova metodologia de gestão da identidade de marca deve atender às mais variadas expressões. Diretrizes devem estar disponíveis em plataformas midiáticas, é uma atitude mais econômica e ágil ao invés de elaborar caríssimas edições que geralmente não chegam às mãos dos colaboradores necessários. Em uma plataforma *on-line* elas podem ser publicadas e atualizadas com frequência, e setorizadas para os grupos de gestão, produção e comunicação. O acesso às informações podem ser dirigidas, com conteúdos arquivados por categorias de uso, e com chaves de acesso por *login* e senha, para fornecedores externos. Principalmente separar as diretrizes, diferenciando uma **lei**, uma **orientação** e uma **instrução técnica**.

As diretrizes deveriam ser disponibilizadas em três níveis:

o nível simbólico — as **leis de uso** dos signos visuais, cromáticos, sonoros, sensoriais, elementos gráficos de apoio, que irão compor o universo visual e sensorial da identidade.

o nível tático — com **as orientações** do sistema. Apresentação dos usos dos códigos, as relações e a lógica estabelecida entre eles. estilo e linguagem fotográfica. Onde e como aplicar o sistema. O que fazer e o que não fazer.

o nível instrucional — diretório desenvolvido para concentrar e disponibilizar as **instruções técnicas,** ou seja, todas as plantas e detalhamentos executivos, especificações técnicas para procedimentos de produção e envolvendo desde materiais a acabamentos. Seriam três instâncias diferentes, sendo que a proposta deste trabalho é a retirada do nível instrucional dos *brand books*. As instruções devem ser apresentadas em documento à parte, no qual os descritivos de projeto são destinados aos colaboradores específicos no estágio de produção.

Grupos de colaboradores e áreas específicas teriam acesso aos memoriais executivos de acordo com sua atuação na organização. A forma escolhida para a execução também é uma decisão estratégica e nem sempre devem estar acessíveis "a todos". Projetos executivos, planificações, detalhamentos técnicos de mobiliários, estruturas de sinalização, especificações técnicas e materiais devem, sim, ser elaborados e na linguagem adequada e necessária aos setores produtivos.

Pensando em um sistema mais completo e aberto para possibilidades e com flexibilidade, é proposto um novo modelo de criação e acompanhamento da marca. Um guia que monitore todos seus canais de expressão, como será apresentado no próximo capítulo.

5

GEM: o Guia de Expressão da Marca

A CONSTRUÇÃO DE UM SISTEMA DE EXPRESSÃO

Até aqui vimos os meios que são praticados para construir e acompanhar a identidade corporativa de uma marca. Mas deixaram de ser suficientes e a penetração das marcas dentro do constructo social ficou mais sofisticada e complexa, portanto exige um acompanhamento mais especializado.

A revisitação da heráldica medieval, que apresenta semelhanças visuais nas estruturas e no design de marcas contemporâneas, favoreceu o resgate de um importante legado que havia sido perdido como método; porém, mesmo que alguns desses procedimentos já tenham sido transmitidos pela permanência das imagens, suas origens não eram creditadas a esse período, e seu legado é pouco estudado.

A contribuição da heráldica para o design de marcas foi, em primeiro lugar, a concepção de uma estrutura celular, na qual a forma, desde seus primeiros esboços, era pensada visando a sua tridimensionalidade, ou seja, como um objeto com corpo próprio. Não era elaborada como um sinal estritamente gráfico, mesmo sendo aplicada também em superfícies bidimensionais.

Em segundo lugar, houve a introdução do **uso da cor** nas marcas de identidade; até então, os símbolos eram estritamente grafados, e mesmo havendo cores, estas não eram relevantes. As cores passaram a ser adotadas como código simbólico, uma escolha conceitual: não era esse ou aquele tom de azul, era o conceito do azul. As escolhas ocorriam pelo significado das cores estabelecido a partir daquele universo cultural e pela **sensação perceptiva da cor**, pois elas tinham a função de promover uma diferenciação visual e a distância. O estudo demonstra também que a adoção de cores, com conexões simbólicas já interiorizadas em determinada cultura, facilita uma maior aderência aos conceitos propostos. A cor e os outros elementos simbólicos devem, de alguma forma, já pertencer à cultura dos usuários para que a marca seja introduzida e estabeleça relações de forma mais natural. É também uma boa lição para aqueles que acreditam que cada aplicação da marca deve estar fiel à amostra de cor da escala Pantone. A cor sofre influência da iluminação local, ou, caso seja visualizada em vídeo, ou a uma distância muito grande, sofre influência da atmosfera. Desse modo, as aplicações de cores merecem um cuidado mais próximo reconsiderando a sensação pretendida da cor a cada aplicação.

A revisitação da heráldica e a revelação da existência de um método para o design de símbolos, intituladas **leis para brasonar**, podem ser uma contribuição para uma metodologia no design de marcas.

Em relação à sistematização de um design de marca, atendendo à expansão do seu caráter simbólico, defende-se aqui uma solução contrária à visão entusiástica de muitos designers profissionais, os quais argumentam a favor do design das marcas sofrer adaptações constantes em seu desenho para atender a contextos diversos, e até a públicos diferentes. A proposição aqui é inversa: a marca permanece, e é o sistema de uso que sofre constantes atualizações. Na contramão do discurso que denigre símbolos pela aparência do desenho, ou da tipografia, usando isso como argumento para um redesign, assume-se a posição da marca definitiva. Por mais plural que seja a atuação de uma organização, sua identidade é única, salvo os casos de fusões e novas aquisições, ou mesmo quando a marca quer partir para outro ramo de atividade. Mas mesmos nas fusões, a decisão, tanto do nome como do logotipo a ser assumido, deve ser decidida pelos estrategistas e não exclusivamente pelo departamento jurídico. É comum ver marcas com décadas de mémoria e histórico positivos serem descartadas por uma decisão apressada e burocrática no fechamento de um contrato, no momento da fusão ou aquisição, levando a altos gastos com a criação de uma nova marca e muito trabalho e investimento em comunicação, ao longo de vários anos, até chegar a algo parecido com o que já se tinha em mãos.

Em relação à criação de novas identidades, muitas empresas de comunicação, design e estratégia se concentram na elaboração do símbolo e logotipo. Uma vez concebidos, irão reger todo o sistema. A pior coisa que pode acontecer é esperar que esses signos tenham a capacidade de refletir todo o conceito que a marca se propõe. Isso só é conseguido com dedicação e entendimento que a marca e todo seu sistema simbólico é resultado de cada decisão diária.

No mercado são praticadas algumas tendências. Existem várias, mas há três correntes predominantes defendidas pelos profissionais que almejam liberdade e dinamismo para o design de marcas e símbolos.

A primeira utiliza-se de partes diferentes da marca para criar itens distintos de comunicação. Um logotipo ou um símbolo são desenvolvidos como um único elemento identificador e, depois de constituídos, são fracionados para geram partes. Cada parte é usada como identificador de itens específicos do programa de identidade, ao mesmo tempo que funciona como grafismo decorativo. Por exemplo: uma fração é usada como fundo no papel carta, envelopes etc.; outra fração é fundo para as placas de sinalização; outra fração é usada na frota, e assim a identidade geral é formada pela somatória dos itens de comunicação que formam um conjunto cromático. Essa solução é comumente chamada de marca "aberta".

A segunda corrente defende a adoção de múltiplas variações a partir de uma mesma marca. A estrutura formal se mantém, mas sua "roupagem" ou preenchimento se altera exponencialmente, fornecendo um conjunto vasto de possibilidades. Um exemplo clássico é a marca do canal internacional de música para a televisão, a MTV, criado por Pat Gorman, da Manhattan Design, em 1982. A marca apresenta-se em variações infinitas, mas sem sofrer intervenções em sua forma essencial.

E a terceira corrente busca uma transposição das linguagens digitais, principalmente das mídias em movimento para as versões impressas dos signos visuais, como também propõe um conjunto de marcas sem necessariamente eleger uma versão entre as variações como marca principal. Como exemplo, podemos citar a marca elaborada para o Media Lab, laboratório de pesquisa do Massachusetts Institute of Technology (MIT), na ocasião da comemoração do 25º aniversário, em 2010, quando foi apresentada sua nova marca. A atual identidade apresenta múltiplas variações de três elementos formais, possibilitando 40 mil composições diferentes, que, por sua vez, são relacionadas com 12 possibilidades de cores, totalizando

Marca do Media Lab – Massachussets Institute of Tecnology, Boston, EUA
Colaboração: The Green Eyl, 2010.
Direção Criativa e Design: O. Richard e Roon Kang. Programação e Design: Willy Sengewald.

480 mil variáveis. A marca é baseada em um sistema visual composto do logotipo *MIT Media Lab* e de três quadrados pretos, nos quais cada um deles tem sua sombra em perspectiva projetada em uma cor. Um algoritmo gera uma composição única para cada membro do corpo de pesquisadores, ou seja, cada docente, funcionário e aluno que frequenta o programa tem a possibilidade de possuir uma versão exclusiva da marca.

Na realidade, o resultado é uma transcrição gráfica de um efeito randômico aplicado sobre os elementos (quadrados pretos) a partir de um limite quadrangular invisível. Soluções como esta fazem sentido em casos muito específicos, como no caso do *MIT Media Lab*, onde as múltiplas possibilidades que permitem uma versão exclusiva para cada um dos membros denotam o dinamismo, a criatividade e a vanguarda em tecnologia do Media Lab, própria da pesquisa centrada na adaptabilidade humana para o trabalho, desenvolvida pelo laboratório. Ao analisarmos o resultado visual, o dinamismo da ideia original apresenta variações de diferentes pontos de vista de um mesmo conjunto de elementos formais. Na essência, a marca é a mesma, porém há 480 mil formas para serem memorizadas, fato que torna impossível os usuários identificar em tantas variações, e o quanto é complexo o processo de identificação e reconhecimento. O maior interesse dessa marca está justamente no discurso do seu conceito e não na forma. Como uma morte anunciada, em 2014 a marca sofreu um novo redesign e foi substituída por uma solução mais sintética. Elaborada pelo Pentagram, escritório de design com sede em Nova York, a nova solução partiu da anterior sem romper com o conceito, chegou em um resultado mais literal, menos apoiado em efeitos da tecnologia, e somente com uma família de identidades com somente 24 símbolos que

O *grid* da marca do Media Lab de 2010, com a estrutura de pontos pretos cujas sombras geraram milhares de variações.
E a construção da nova marca, realizada pela Pentagram em 2014, partindo do mesmo *grid*.

representam as linhas de pesquisa. Uma marca deve ser "forte" o bastante para suportar toda a carga de significados que queremos atribuir a ela, e não querer representar tudo no seu desenho.

A repetição de soluções comumente usadas são adotadas justamente por serem usuais, passam a ser consideradas como regra, moda e estilo. Não há nenhum critério científico para tais práticas. Todo repertório cognitivo é construído, cada símbolo da nossa cultura, desde as letras do alfabeto aos sinais de trânsito, todos foram aprendidos. Somos alfabetizados visualmente. Quando uma marca adota um símbolo e um logotipo, está construindo um signo novo, que precisa ser ensinado. Nenhuma marca irá expressar seu conceito sozinha, é todo o sistema que irá comunicar seu posicionamente e personalidade. E quando a comunicação é eficiente, todo o repertório acerca da instituição que ela representa é concentrado sobre seu signo identificador. Ele é a chave de acesso ao imaginário construído sobre a organização, seus produtos e, principalmente, sua história. Portanto, cabe aos designers e gestores desenvolverem um signo visual capaz de suportar a carga de informação que se pretende atribuir a ele, e não o contrário.

Melhores resultados são obtidos com um simbolo versátil que transita, sem mudanças, do bidimensional para o tridimensional. Um símbolo que possa ser convertido em um objeto resolve inúmeros problemas de aplicação é quase autônomo, basta sua presença para tudo ao redor se converter em espaço e informação da marca. É recorrente no mercado a oferta de alteração da marca como solução para os problemas da empresa, porém a troca de sua roupagem não é garantia de uma aceitação melhor da marca. Por outro lado, o rompimento com os laços mnemônicos tem alto custo financeiro e requer um esforço de reconstrução do imaginário por parte dos usuários. E gera também um sentimento de que algo importante se perdeu. Salvo nos casos em que o imaginário construído em torno de uma marca é negativo, conforme o grau de reprovação a organização precisa se reinventar. É aconselhável pensar na criação de uma nova marca e até mesmo em um novo nome com inédita identidade.

A marca da Volkswagen, apesar de circular, caracteriza-se como escudo, sua tridimensionalidade é percebida, e a mesma estrutura e composição são empregadas nos produtos e pontos de venda.

Mas atenção: a estrutura do negócio também tem que ser revista, até mesmo o seu propósito e princípios, pois o consumidor não é desinformado e não irá se convencer de que a empresa mudou somente pela adoção de um símbolo mais contemporâneo. O novo signo visual pode até levá-lo a experimentar novamente, mas a entrega deve ser legítima. Caso contrário tudo estará arruinado novamente.

Muitas marcas permanecem fiéis ao desenho original, apenas que vêm sofrendo ajustes na estilização e síntese dos seus elementos constituintes. Um exemplo é a marca *Alfa Romeo*. Seus adornos foram gradativamente sendo eliminados, e o desenho da serpente foi simplificado. As marcas devem receber intervenções quanto à linguagem gráfica, os materiais e às estruturas de comunicação, porém aquilo que a faz ser reconhecida deve ser mantido.

1910   1915   1925   1946   MARCA ATUAL
(desde 1972)

O conceito de uma marca não se limita ao design do símbolo e logotipo. Ele permeia todas as ações, pois faz parte da estratégia da marca. A identidade corporativa é o resultado de uma explanação dos simbolismos aplicada em todo o sistema.

Muitas tentativas foram testadas por grande parte dos profissionais de *branding* e design. É provável que uma evolução tenha originado os *brand books,* que sejam fruto de converter em documentos as apresentações dirigida aos CEOs, detalhando o conceito e personalidade da marca propostos. O livro da marca é uma forma de apresentar conjuntamente a estratégia de comunicação e o plano de marketing. Ele transporta para uma linguagem visual o significado da marca, as escolhas para a expressão da sua essência, personalidade e, por consequência, sua identidade.

É uma ferramenta para "educação" e inspiração, para tomadas de decisões assertivas de acordo com o posicionamento assumido pela empresa. Em geral, são publicações de formato menor que os manuais de identidade, encadernação mais simples e são disponibilizadas para as equipes internas, para que a essência da marca seja interiorizada.

O GEM – **o Guia de Expressão da Marca** – se apresenta não só como um guia, um roteiro das ações estratégicas do momento, como também é um norteador das etapas e procedimentos no operacional da gestão da marca. Propõe desde a concepção do projeto a separação das informações necessárias para desenvolver todos os materiais e ações da marca. Pontua as prioridades e detalha os procedimentos em instâncias específicas. Propõe a criação de um diretório (físico ou digital) com todo o histórico e posicionamentos adotados durante a "vida" da marca.

Nesse método, todos os materiais de comunicação devem ser editados quanto a sua essência de marca, toda vez que houver necessidade de adequação da linguagem aos públicos de interesse e novas inclusões, que abrangem os novos pontos de contato. Também apresenta a composição das equipes envolvidas em cada uma das etapas composta por equipes multidisciplinares. Pode-se notar que a escalação dos profissionais não é baseada em hierarquia administrativa, mas na capacidade e habilidade técnicas necessárias para realização de cada uma das etapas.

Na maioria das etapas não são incluídos os dirigentes da empresa, a não ser que estes acumulem as funções descritas. O mais importante é a conscientização por parte das empresas da necessidade de incorporarem profissionais de design e de comunicação nos seus quadros de funcionários, com o conhecimento necessário para desempenhar tais funções.

Para se obter inovação continuada, a medodologia do GEM propõe a constituição da **direção de design**, com a introdução do cargo do ***designer thinker*** na esfera administrativa. É um cargo de gestão que faz a mediação e a amarração do propósito da companhia com a estratégia da marca, e a com a construção da identidade. É o elo de ligação entre os departamentos e direção da marca. Congrega as equipes para a continuidade do *branding*, ou seja, os desdobramentos e extensões da linha de produtos e serviços continuamente, e até mesmo na criação de novas categorias de marcas e produtos, sempre em harmonia com a identidade da corporação.

O GEM é um roteiro mais completo de planejamento de projeto de identidade corporativa, que compreende e atende às novas demandas das marcas, com a inclusão sistemática de todos os novos pontos de relacionamento. O GEM introduz os aspectos de relacionamentos sensoriais às marcas, juntamente com um amplo planejamento da rede de disseminação e relacionamento com todos os públicos de interesse, e mesmo com os espectadores que apenas a observam, e acompanham de longe, sem ao menos terem adquirido um produto da organização.

Atentem na Tabela 3 (p. 140) para a inclusão dos pictogramas ⓔ e ⊘, que indicam a **permissão** ou **interdição** de cada um dos documentos. Com esses procedimentos é esperado que o desenho das marcas sejam mais longevos, não correndo o risco de ficarem datados, e por outro lado prevê-se que a estratégia da marca acompanha as expectativas do seu público sem perder sua essência.

Por exemplo, é o **propósito** da marca Havaianas a produção de produtos a preço justo, acessíveis, duráveis e resistentes, para todos os públicos. A **estratégia** da marca é a valorização do emprego de matéria-prima superior, a borracha natural, sendo um calçado que pode ser usado nas mais variadas situações e climas ao redor do planeta. Demonstra que qualquer pessoa pode usar sua linha de produtos que prioriza o conforto nas mais diversas situações, desde a praia ao um executivo assistindo futebol. A estratégia da marca tem acompanhado, através da comunicação, essas situações onde os usuários clamam por conforto e descontração.

A **essência** da marca Havaianas é ser descontraída, alegre, irreverente e brasileira. Sua voz é amigável e direta. O tom é quase jocoso, reproduz o "jeito" do brasileiro falar com os amigos, informal. A expressão visual é sempre em torno de uma explosão de cores e ritmos gráficos, viva e alegre. A estratégia pode mudar com o tempo, já a essência, do que é ser divertido e irreverente, sofrerá alterações de expressão a cada nova geração, ou no contato da marca com outras culturas.

Com uma gestão da identidade corporativa, como é proposto no GEM, parte do princípio de constituir equipes dedicadas a "cuidar" diariamente da marca, com revisitações dos códigos de comunicação com mais frequência, acompanhando paulatinamente a evolução do mercado, e as próprias apropriações da marca pelo público. As marcas pertencem mais aos consumidores que às próprias empresas.

Usando a própria *Havaiana* como exemplo, a sandália era originalmente branca com sola e tiras azuis. A linha de produtos foi estendida para várias cores uniformes porque observaram os usuários virando a sola para cima, deixando a sandália toda em uma cor só. A extensão de produtos (geração e continuidade de uma entrega relevante) é o resultado da observação do uso dos produtos pelos consumidores, e procura antecipar as expectativas deles.

Tendo em mãos o GEM, os gestores de estratégia e de projeto estão de posse de um roteiro de planejamento, de como uma marca deve e pode se comunicar.

Embalagem comemorativa dos 50 anos das Havaianas.

134

MODELO DE GESTÃO COM ACOMPANHAMENTO SISTÊMICO

GEM 01. BASE

É um diretório destinado à memória de todas as ações referentes ao propósito da atividade e do histórico da organização e da identidade corporativa. Deve ser a parte inicial do guia como um norteador, o porquê da sua existência. Geralmente essas informações não ficam à disposição do público e nem dos colaboradores, e com o decorrer do tempo muitos empresários acabam esquecendo a motivação que os levou à construção da empresa e da marca.

Todos os funcionários e equipes envolvidas com a organização devem compartilhar da **_master idea_**, e esta deve ter um propósito claro que envolva todos, se tornando uma bandeira. Marcas constituídas apenas com propósito financeiro não constroem vínculos com os consumidores. Essa ferramenta, estando acessível, auxilia as decisões futuras, é a base para o desenvolvimento de toda a estratégia. Essa prerrogativa se tornou necessária perante os consumidores e deve refletir uma postura autêntica.

GEM 02. CATEGORIA

Define claramente a atuação da marca no mercado. É uma declaração curta, explicativa do que a marca é, o que faz, para quem faz, e como faz.

GEM 03. ESTRATÉGIA DE MARCA

Antes mesmo das definições dos signos sensoriais e suas articulações no sistema, apresenta a visão da organização em relação ao setor onde atua e o que pretende alcançar. A estratégia define como a marca escolhe se apresentar para o mercado. Nesse ponto são definidos _slogan_ ou _taglines_, que têm a função de comunicar o posicionamento, lembrando que tanto o posicionamento como _slogans_ podem alterar com o passar do tempo. São decisões técnicas e não emocionais.

GEM 04. ESSÊNCIA DA MARCA

Foram incluídos aqui a ênfase, a personalidade e a linguagem fotográfica, expressão verbal e visual de todos esses elementos constroem a identidade e o "espírito" da marca. Devem ser definidos e apresentados antes dos signos visuais, que são decorrentes destas decisões.

GEM 05. MARCA

São mantidas as apresentações do símbolo e logotipo, bem como suas articulações.

GEM 06. ASSINATURAS

Renegadas até bem pouco tempo aos departamentos jurídicos, como cada assinatura acontece, sua grafia e nome são decisões estratégicas e devem estar de acordo com a comunicação integrada do marketing.

GEM 07. PADRÃO CROMÁTICO
GEM 08. USOS CROMÁTICOS

Deve ser elaborado por especialistas e acompanhados ao extremo, é o pilar visual mais importante. As especificações devem ser extensivas e abranger os mais variados substratos e situações de iluminação.

GEM 09. ELEMENTOS GRÁFICOS DE APOIO

Algumas marcas adotam o padrão como um signo visual. Para algumas marcas é o signo identificador principal, como o xadrez da marca *Burberry*, ou o próprio bloco da Lego com a gravação da marca em cada um dos pinos de encaixe.

GEM 10. IDENTIDADE TIPOGRÁFICA

Conforme apresentado no *brand book*, porém agora mais detalhado. Não inclui só a apresentação de uma família tipográfica e seus pesos, como também a tipografia se comporta com as cores (oficial e auxiliar) e com os grafismos quando são presentes no sistema.

GEM 12. COMUNICAÇÃO INSTITUCIONAL
GEM 13. COMUNICAÇÃO COMERCIAL
GEM 14. COMUNICAÇÃO ELETRÔNICA

Eram considerados elementos básicos para a dinâmica comercial. Agora é prevista uma atualização correspondendo às necessidades departamentais da organização, como setor de vendas, relações públicas, conselhos etc. Devem acompanhar as ações da marca e até sofrer personalizações para ações mais específicas. Como os novos recursos digitais esse campo é ampliado como importante ferramenta de comunicação e expressão de marca.

GEM 15. IDENTIDADE SONORA

Facilitada pelos novos recursos tecnológicos, a identidade sonora não se limita ao rádio e exibição na mídia televisiva, podendo ser incorporada a sites e produtos.

GEM 16. IDENTIDADE MATERIAL

Definição de uma paleta de materiais, escolhidos a partir de um cenário de marca, estabelecendo sua articulação com o universo visual da identidade. Esse acervo não deve ser só conceitual, é necessário que o designer de comunicação envolva todos os departamentos da organização, apresente amostras físicas para uma real compreensão sensorial e simbólica da contribuição desses materiais para a identidade corporativa. Igualmente ao peso dado à definição cromática, os padrões de substratos, revestimentos e superfícies integram o sistema de identidade e ampliam o processo cognitivo em relação à estratégia e à essência da marca. Novamente, a Apple é a marca que faz um excelente uso da expressão material a favor do seu posicionamento e na extensão para novos produtos.

GEM 17. AMBIENTE CORPORATIVO
GEM 18. AMBIENTES DE VAREJO E PROMOÇÃO

Retorna ao guia, pois agora não é mais "inspiracional", é **tático**. Requer um planejamento por uma equipe de profissionais de Engenharia, Arquitetura, Iluminação etc. Como o GEM prevê o uso de uma plataforma eletrônica para armazenamento e disponibilização das informações, todos os projetos executivos estariam contidos em um diretório específico. O que se apresenta no guia de expressão é o conceito de ambientação e uso dos espaços, que será também revisto de forma mais intensa com o tempo decorrido.

Os ambientes são atualizados sem a necessidade de intervenções no signo visual da marca. A diferença maior nesse processo de sistematização da identidade corporativa está não só na inclusão de várias competências para seu desenvolvimento, mas também na adequação da linguagem em tempo menor, preservando seus signos principais. Como exemplo, podemos citar o redesign do ambiente corporativo das unidades da rede de bancos *Bradesco*, executado em 2011. Sem alarde publicitário, as 3.500 unidades sofreram uma remodelagem para corresponder às expectativas dos clientes. O projeto da nova Identidade Ambiental Bradesco expressa e ao mesmo tempo resolve aspectos operacionais, os quais necessitavam de uma nova visão. O projeto adequou-se à caracterização dos mais diversos modelos de agências a partir

O Banco Bradesco reformulou o conceito de suas unidades para se adequar às expectativas dos usuários. O novo projeto de identidade global, comandado pelo arquiteto e designer Rogério Batagliesi, propôs, além do layout do espaço, uma revisão simbólica de todosos materiais empregados no projeto.

de um padrão único que permitiu espelhar e cumprir, nos inúmeros pontos de venda, os desígnios da marca Bradesco.Nesse contexto, foram desenvolvidos projetos integrados para arquitetura, a arquitetura de interiores, mobiliário, sinalização, acessórios, cabinas e postos de autosserviço. O objetivo do projeto é levar o usuário a uma experiência (**brand experience**) nova de marca. O projeto reforça o *power color* da marca sem alterações no signo visual.

GEM 19. COMUNICAÇÃO PUBLICITÁRIA

Respeitando-se a essência da marca e seu posicionamento, novas abordagens são bem-vistas para não estagnar a marca em um modelo de publicidade.

GEM 20. GRAVAÇÃO DA MARCA

Todos os produtos ou mesmos serviços devem ser identificados com a marca. E também são realizadas decisões estratégicas a partir dos padrões simbólicos estabelecidos na comunicação da marca. A cor pode ser usada como forma de identificação; a forma gráfica da sua gravação comunica. Uma gravação exagerada pode comprometer um produto. A marca Makita adotou o azul para sua linha de produtos como cor principal de identidade da marca. Essa decisão contribuiu para a construção do imaginário dos profissionais de manutenção, em relação à marca, que é considerada superior com produtos para uso profissional. Alguns concorrentes, que possuem outras cores de identidade,

como vermelho e laranja, adotaram um azul similar para suas linhas de ferramentas, na tentativa de colocar seus produtos em nível de igualdade. Isso demonstra o quanto é importante o rigor em grafar a marca nos produtos dentro de critério único, evitando possíveis enganos.

GEM 21. SELOS

Selos para datas comemorativas fazem parte da comunicação das organizações e integram o conjunto de elementos identificadores. São flexíveis e devem ser pensados dentro da proposta da marca. Intervenções mais ousadas podem ser atribuída a eles por serem temporais e saem logo de circulação.

GEM 22. MERCHANDISING

De brindes, amostras, vitrines, o projeto de **visual merchandising** é ferramenta estratégica, capaz de contar para o consumidor o que a marca propõe, sua origem e seus valores. O *merchandising* é o ponto de contato mais próximo com os consumidores e usuários da marca em muitos casos. Através do *visual merchandising* pode ser explorado o tom e a voz da marca no ponto de venda e a construção de narrativas que ajudam a expressar a essência da marca. Não é somente uma questão de vitrinismo para promoções do varejo, pois essa seria uma visão redutora.

Uma barraca de feira, com todas as suas características, foi instalada no interior da loja conceito da marca Havaianas em São Paulo. Projeto do arquiteto Isay Weinfeld de 2009. Através de uma narrativa a marca transmite a essência.

TABELA 3

GUIA DE EXPRESSÃO DA MARCA (GEM)

	ETAPAS	DETALHAMENTO	EDIÇÃO	COMPETÊNCIAS
GEM 01	BASE INSTITUCIONAL Propósito	Quando começou		
		Porque existimos		
		Com quem falamos		Ad Jd Mk Be
		Declarações da missão		
		Declaração dos valores		
GEM 02	CATEGORIA	*Position statement*	℮	Be Dth Dc Mk
GEM 03	ESTRATÉGIA DE MARCA	Visão	℮	Ad Be Mk
		Ações	℮	Be Mk Dc
		Personalidade	℮	Be Mk Dc F
		Atitudes	℮	Be Mk Dc
GEM 04	ESSÊNCIA DE MARCA *Lifestyle*	Mensagem-chave	℮	Dth Be Dc
		Voz	℮	Dth Be Dc
		Tom	℮	Dth Be Dc
		Ênfase	℮	Dth Be Dc
		Expressão verbal	℮	Dth Be Dc
		Expressão visual	℮	Dth Be Dc F
GEM 05	MARCA PRIORITÁRIA *(Master brand)*	Versão oficial	⊘	Dc Ty
		Construção espacial da marca	⊘	Dc Ty
		Símbolo isolado	⊘	Dc Ty
		Logotipo isolado	⊘	Dc Ty
		Versões permitidas entre os elementos	⊘	Dc

		Versões dimensionais
		    Alto-relevo
		    Baixo-relevo
		    Sólido
			⊘	Dc

		Campo visual da marca
		    Área de proteção, posição e proporção
		    da marca em relação ao campo
			⊘	Dc

MARCAS DESIGN ESTRATÉGICO **GEM**

ETAPAS	DETALHAMENTO	EDIÇÃO	COMPETÊNCIAS
GEM 06 — ASSINATURAS	Assinatura comercial	⊘	AD JD
	Assinatura jurídica	⊘	AD JD
	Assinatura de e-mails	e	AD JD DC
	URL	⊘	AD JD
	Tagline	e	AD JD BE DC
	Assinatura em vídeos	e	BE MK DC
GEM 07 — PADRÃO CROMÁTICO — Definições de uso	Cores oficiais da marca	⊘	DC
	Cor oficial do campo	⊘	DC
	Cor oficial do símbolo isolado	⊘	DC
	Cor oficial do logotipo isolado	⊘	DC
	Definição da cor Escala Europa	⊘	DC
	Definição da cor RGB	⊘	DC
	Definição da cor Color Oficial	⊘	DC

	Definição da cor Pantone (*formula guide*)
	  Papel com brilho
	  Semibrilho
	  Sem brilho
		⊘	DC

	Definição da cor Pantone (têxtil)	⊘	DC

	Tintas
	  Esmalte/automotiva/vinílica
	  Vinil de recorte
	  Tinta látex
		e	DC EP MK

GEM 08 — USOS CROMÁTICOS	Sobre fundos de cores claras	⊘	DC
	Sobre fundos cores escuras	⊘	DC
	Sobre fundos conturbados	⊘	DC
	Sobre fundos padronados	⊘	DC
	Sobre fundos fotográficos	⊘	DC

ETAPAS	DETALHAMENTO	EDIÇÃO	COMPETÊNCIAS
GEM 09 ELEMENTOS GRÁFICOS DE APOIO	Estrutura e organização dos elementos	℮	Dc
	Em dinâmica com a marca	℮	Dc
	Em dinâmica isolada	℮	Dc
	Em dinâmica com as cores oficiais	℮	Dc
GEM 10 IDENTIDADE TIPOGRÁFICA	Alfabeto institucional	⊘	Dc Ty
	Alfabetos auxiliares	⊘	Dc Ty
	Pictogramas específicos (comunicação)	⊘	Dc Ty
GEM 11 ARQUITETURA DE MARCAS	Submarcas	℮	Be Dth
	Hierarquia de marcas	℮	Be Dth
	Estruturas gráficas	℮	Be Dc
	Quanto à disposição permitidas entre os elementos de marca	℮	Dc
	Quanto ao uso de cor	℮	Dc
	Quanto à disposição com grafismos de apoio	℮	Dc
	Quanto às estruturas tipográficas	℮	Dc Ty
GEM 12 COMUNICAÇÃO INSTITUCIONAL Papelaria básica	Cartões comerciais	℮	Dc
	Envelopes diversos	℮	Dc
	Papéis de uso institucional	℮	Dc
	Pastas multiuso ou temáticas	℮	Dc
Papelaria especial para presidência e conselhos	Cartões comerciais	℮	Dc
	Envelopes diversos	℮	Dc
	Papéis de uso institucional	℮	Dc
	Pastas para propostas	℮	Dc

MARCAS DESIGN ESTRATÉGICO **GEM**

	ETAPAS	DETALHAMENTO	EDIÇÃO	COMPETÊNCIAS
GEM 13	**COMUNICAÇÃO COMERCIAL** Papelaria comercial	Comunicados departamentais, como memorandos, notas internas e notas fiscais	(e)	Be Mk Dc Di
		Documentos pertinentes ao exercício das funções da organização	(e)	Be Mk Dc
GEM 14	**COMUNICAÇÃO ELETRÔNICA**	Assinatura de e-mail	(e)	Dc Ad
		E-mail marketing	(e)	Dc Mk
		Estrutura e layout de site	(e)	Dc Di Ti
		Comunicados à imprensa	(e)	Dc Mk Rp
		Aparência em redes sociais	(e)	Dc Mk Be Rp
GEM 15	**IDENTIDADE SONORA**	Sound *statement*	⊘	Be Sd
GEM 16	**IDENTIDADE TÁTIL E MATERIAL** Materiais na dimensão tátil e simbólica	Paleta	(e)	Be Dc Ct
		Amostras	(e)	Be Dc Ct
		Significados	(e)	Be Dc Ct
GEM 17	**AMBIENTE CORPORATIVO** Layout do espaço físico da organização	*Layout* do espaço físico da unidade principal + fachada + sinalização	(e)	Be Dc Aq
		Conceito de mobiliário	(e)	Be Dc Di Aq
		Estruturas físicas diversas	(e)	Be Dc Di Aq
		Conceito para feiras e *stands*	(e)	Be Dc Aq
		Uniformes ou *dress code* (equipe interna x funções)	(e)	Ad Be Ct Ep Df
		Veículos	(e)	Be Dc
GEM 18	**AMBIENTES DE VAREJO E PROMOÇÃO**	Conceito de mobiliário	(e)	Dth Be Dc Aq Ct
		Conceito de estruturas físicas diversas	(e)	Dth Be Dc Aq Di
		Estrutura de *stands* ou quiosque de venda	(e)	Dth Be Dc Aq Di
		Conceito de embalagens	(e)	Dth Be Dc Ep
		Conceito de uniformes	(e)	Dth Be Dc Df Ct

143

	ETAPAS	DETALHAMENTO	EDIÇÃO	COMPETÊNCIAS			
GEM 19	**COMUNICAÇÃO PUBLICITÁRIA** Em concordância com a atitude de marca e a personalidade de marca	Anúncios publicitários	℮	Bᴇ	Dᴄ	Pᴘ	
		Banners institucionais	℮	Bᴇ	Dᴄ	Pᴘ	
		Banners publicitários	℮	Bᴇ	Dᴄ	Pᴘ	
GEM 20	**GRAVAÇÃO DA MARCA**	Em produtos	℮	Dᴄ	Eᴘ		
		Em brindes	℮	Dᴄ	Mᴋ		
		Em equipamentos	⊘	Dᴄ	Eᴘ		
GEM 21	**SELOS**	Promocionais	℮	Dᴄ	Mᴋ	Pᴘ	Rᴘ
		Comemorativos	℮	Dᴄ	Mᴋ	Pᴘ	Rᴘ
GEM 22	*MERCHANDISING*	Agradecimentos	℮	Dᴄ	Rᴘ		
		Reconhecimento	℮	Dᴄ	Mᴋ	Rᴘ	
		Fidelização	℮	Dᴄ	Mᴋ	Bᴇ	

O Guia de Expressão da Marca pode ser uma ferramenta auxiliar para o desenvolvimento e a implantação de uma marca. Pode ser aplicado não só em projetos de novas marcas, como também na revisão de sistemas de identidade que perderam seus elementos de ligação com os públicos de interesse, seja por falta de acompanhamento da identidade ou por reposicionamento do próprio negócio. Também pode ser usado como uma ferramenta de avaliação, e retomada do projeto de *branding*, utilizando-o como forma de impulso para setores estagnados, acompanhando todos os passos de desenvolvimento de uma marca. A seguir, apresenta-se a tabela comparativa para melhor entendimento dos itens que correspondem a cada estrutura de planejamento detalhada neste trabalho. É importante ressaltar que o manual de identidade continha as especificações referentes à construção geométrica, espacial, técnicas e executivas. Estas informações foram excluídas do *brand book* e do Guia de Expressão da Marca, e quando necessárias são apresentadas em documentos destinados aos fornecedores afins.

TABELA 4 – COMPARATIVA

MANUAL DE IDENTIDADE, *BRAND BOOK* E GUIA DE EXPRESSÃO DA MARCA

ETAPAS	DETALHAMENTO	MI	BB	GEM
PLATAFORMA DA MARCA	Quando começou			⊙
	Porque existimos			⊙
	Com quem falamos			⊙
	Declarações da missão			⊙
	Declaração dos valores			⊙
CATEGORIA	*Position statement*		⊙	⊙
ESTRATÉGIA DE MARCA	Visão			⊙
	Ações			⊙
	Expressão verbal			⊙
	Expressão visual			⊙
ESSÊNCIA DE MARCA *Lifestyle*	Mensagem-chave		⊙	⊙
	Voz		⊙	⊙
	Tom		⊙	⊙
	Ênfase		⊙	⊙
	Personalidade			⊙
	Linguagem fotográfica		⊙	⊙
MARCA PRIORITÁRIA *(Master brand)*	Versão oficial	⊙	⊙	⊙
	Construção espacial da marca	⊙		
	Símbolo isolado	⊙	⊙	⊙
	Logotipo isolado	⊙	⊙	⊙
	Versões permitidas entre os elementos	⊙	⊙	⊙
	Versões dimensionais Alto-relevo Baixo-relevo Sólido	⊙		⊙
	Campo visual da marca Área de proteção, posição e proporção da marca em relação ao campo.	⊙		⊙
FORMAS INCORRETAS DE USO	Usos desaconselháveis	⊙		
	Interdições	⊙		

ETAPAS	DETALHAMENTO	MI	BB	GEM
ASSINATURA	Assinatura comercial			⊙
	Assinatura jurídica			⊙
	Assinatura de e-mails	⊙	⊙	⊙
	URL		⊙	⊙
	Tagline			⊙
	Assinatura em vídeos		⊙	⊙
PADRÃO CROMÁTICO Definições de uso	Cores oficiais da marca	⊙	⊙	⊙
	Cor oficial do campo		⊙	⊙
	Cor oficial do símbolo isolado		⊙	⊙
	Cor oficial do logotipo isolado		⊙	⊙
	Cor/combinação escala Europa	⊙	⊙	⊙
	Cor/combinação RGB	⊙	⊙	⊙
	Cor/combinação *web color*	⊙	⊙	⊙
	Especificação Pantone *(formula guide)* Para papel com brilho Para papel com semibrilho Para papel com sem brilho	⊙	⊙	⊙
	Pantone têxtil – especificação		⊙	⊙
	Tintas industriais Esmalte/automotiva/vinílica Vinil de recorte Tinta látex	⊙	⊙	⊙
USOS CROMÁTICOS	Sobre fundos de cores claras	⊙	⊙	⊙
	Sobre fundos de cores escuras	⊙	⊙	⊙
	Sobre fundos conturbados	⊙	⊙	⊙
	Sobre fundos padronados	⊙	⊙	⊙
	Sobre fundos fotográficos	⊙	⊙	⊙
ELEMENTOS GRÁFICOS DE APOIO Estrutura e organização	Entre os elementos	⊙	⊙	⊙
	Em dinâmica com a marca	⊙	⊙	⊙
	Em dinâmica isolada	⊙	⊙	⊙
	Em dinâmica com as cores oficiais	⊙	⊙	⊙
IDENTIDADE SONORA	*Sound statement*		⊙	⊙

ETAPAS	DETALHAMENTO	MI	BB	GEM
IDENTIDADE TIPOGRÁFICA	Alfabeto institucional	⊙	⊙	⊙
	Alfabetos auxiliares	⊙	⊙	⊙
	Pictogramas específicos		⊙	⊙
ARQUITETURA DE MARCAS	Submarcas		⊙	⊙
	Hierarquia de marcas		⊙	⊙
	Estruturas gráficas		⊙	⊙
	Quanto à disposições permitidas entre os elementos de marca		⊙	⊙
	Quanto ao uso de cor		⊙	⊙
	Quanto à disposição com grafismos de apoio		⊙	⊙
	Quanto às estruturas tipográficas		⊙	⊙
COMUNICAÇÃO INSTITUCIONAL Especificação da papelaria básica	Cartões comerciais	⊙	⊙	⊙
	Envelopes diversos	⊙	⊙	⊙
	Papéis de uso institucional	⊙	⊙	⊙
	Pastas multiuso	⊙	⊙	⊙
Papelaria especial para presidência e conselhos.	Cartões comerciais	⊙	⊙	⊙
	Envelopes diversos	⊙	⊙	⊙
	Papéis de uso institucional	⊙	⊙	⊙
	Pastas para propostas	⊙	⊙	⊙
COMUNICAÇÃO COMERCIAL Papelaria comercial	Memorandos e formulários	⊙		
	Comunicados departamentais	⊙	⊙	⊙
	Notas fiscais	⊙		
	Notas internas	⊙		
	Documentos pertinentes ao exercício das funções	⊙	⊙	⊙
COMUNICAÇÃO ELETRÔNICA	Assinatura de e-mail	⊙		⊙
	E-mail marketing			⊙
	Estrutura e layout de site	⊙	⊙	⊙
	Comunicados à imprensa	⊙		⊙
	Aparência em redes sociais			⊙
	Icones para dispositivos móveis de informação			⊙

ETAPAS	DETALHAMENTO	MI	BB	GEM
IDENTIDADE TÁTIL E MATERIAL Dimensões tátil e simbólica	Paleta		●	●
	Amostras			●
	Significados		●	●
EMBALAGENS Especificações de medidas, insumos e processos	Design, planificação e medidas relativas	●		
AMBIENTE CORPORATIVO *Layout* do espaço físico da organização	*Layout* do espaço físico da unidade principal + fachada + sinalização	●		●
	Conceito de mobiliário		●	●
	Estruturas físicas diversas	●	●	●
	Conceito para feiras e *stands*	●		●
	Uniformes ou *dress code* (equipe interna x funções)	●	●	●
	Veículos de frota	●		●
AMBIENTES DE VAREJO E PROMOÇÃO	Conceito de mobiliário		●	●
	Estruturas físicas diversas		●	●
	Estrutura de *stands* de venda	●	●	●
	Conceito de embalagens	●	●	●
	Conceito de uniformes	●	●	●
COMUNICAÇÃO AUDIOVISUAL E PUBLICITÁRIA Atitude de marca e personalidade de marca	Anúncios para mídia impressa	●	●	●
	Anúncios para TV		●	●
	Anúncios para web		●	●
	Banners para institucionais	●	●	●
	Banners para publicitários	●	●	●
GRAVAÇÃO DA MARCA	Em produtos	●	●	●
	Em brindes	●	●	●
	Em equipamentos	●		●
SELOS	Promocionais		●	●
	Comemorativos		●	●
MERCHANDISING	Agradecimentos			●
	Reconhecimento			●
	Fidelização			●

Diferentemente dos manuais e dos *brand books*, a proposta do GEM é apresentar todos os princípios norteadores das marcas, desde a plataforma do negócio aos minuciosos detalhes onde possa estar aplicada. As equipes de gestão podem ainda incluir novos itens a esta ferramenta conforme a dinâmica das marcas, que a cada dia tornam-se mais complexas e permeiam manifestações que envolvam todos os sentidos.

Houve a inclusão de itens que geralmente não são considerados no início de um projeto, como as assinaturas sonoras e o universo material. São novas abordagens de projeto que ampliam o processo cognitivo. No passado, só eram considerados elementos de identidade os códigos estritamente visuais.

Uma identidade olfativa merece uma discussão à parte. O olfato é o único sentido que não desligamos, e os odores fazem parte do ar que respiramos. Esses rastros ou identificadores aromáticos são agora parte da expressão, e facilmente percebidos em um simples passeio por um centro de compras, onde cada loja quer ter seu próprio aroma. Para que a experiência seja positiva é preciso ter cautela. Nem sempre o público é tolerante a determinados aromas, e a reação ao cheiro não está diretamente ligada à escolha dos óleos essenciais da sua composição, mas sim ao significado que vem atrelado a ele. Por exemplo, a maioria dos consumidores que possuem automóveis geralmente gostam do "cheiro de carro zero", que é resultante da mistura dos materiais usados no seu interior. Provavelmente o gostar esteja associado ao significado da compra e não ao aroma em si, resultante da composição de polímeros.

Se todas as marcas adotarem um aroma simplesmente para criar um rastro, é igualmente negativo como qualquer pessoa que abusa do perfume ou usa no momento errado.

Observando por outro aspecto, a escolha de não possuir cheiro algum pode ser uma qualidade. Por exemplo, se queremos agregar valor a uma marca de água, a total ausência de cheiro é uma prerrogativa.

O GEM introduz os aspectos de relacionamentos sensoriais às marcas, juntamente com um amplo planejamento da rede de disseminação e relacionamento onde poderia haver aderência dos consumidores em relação ao propósito, e mesmo com os espectadores que apenas as observam, e as acompanham de longe, sem ao menos terem adquirido um produto sequer.

Tendo em mãos o GEM, os gestores da estratégia e de projeto estão de posse de um roteiro de planejamento, pensando o lugar, o modo e o que uma marca pode dizer para se comunicar com eficácia.

O acompanhamento dinâmico dos modos de expressão da marca permite uma comunicação alinhada com todos os pontos de contato que ela pode ocupar. A complexidade da sua expressão só tende a aumentar diante das possibilidades de uso e apropriações sofridas por parte dos usuários, e até pelos observadores da marca. O sistema deve ser monitorado de perto e acompanhar a dinâmica social e cultural dos contextos nos quais a marca atua.

A estrutura organizacional dos manuais de identidade sobrepunha as orientações de uso da marca, com informações executivas para a implantação. Havia o problema também que muitas das orientações eram diretrizes rígidas, que muitas vezes não eram seguidas conforme a "lei estabelecida". As informações executivas muitas vezes eram intermediadas pelos funcionários internos das empresas encarregados da compra de suprimentos, ficando suscetíveis aos argumentos de fornecedores sugerindo a substituição dos materiais especificados, por insumos de outra natureza. Sempre com o argumento de que o resultado que o custo ficaria melhor, quando tecnicamente sabemos que seria impossível obter o mesmo resultado.

Por outro lado, os profissionais elaboram a marca seguida do manual, sem desenvolver cada um dos itens ali apresentados. Pode ser constatado no mercado com o passar do tempo que o projeto é corrompido, os manuais são interpretados equivocadamente com as mudanças das equipes.

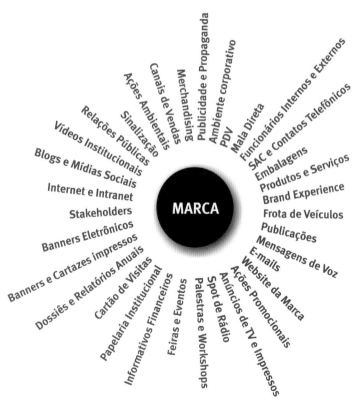

Relação dos possíveis pontos de contato de uma marca, apresentados por categorias. Cada uma delas pode ser desmembrada em todos os contatos que compreende, gerando vários gráficos similares a esta estrutura.

150

O diagrama acima apresenta a estrutura e conteúdos dos manuais de identidade.

Abaixo, a estrutura organizacional dos *brand books*. O diagrama mostra a estrutura e conteúdos dos *brand books*. Apresenta a marca como o símbolo que é capaz de receber e conduzir a plataforma da marca. A definição da identidade é focada nos pilares visuais preestabelecidos e os gestores da marca têm maior liberdade na construção da comunicação. Porém, não apresenta as informações referentes ao processo de evolução da marca e as instruções executivas para a produção dos materiais foram removidas.

Empresas mais experientes, sabendo disso, exigem o cumprimento das normas do projeto de identidade com total rigor, e com o passar dos anos surge a necessidade de um novo redesign para colocar a marca nos novos padrões da atualidade.

O diagrama demostra a estrutura dos manuais. Deve haver uma separação entre informações de uso em comunicação e as demais dirigidas aos colaboradores envolvidos com os processos industriais. A solução dos *brand book*s é uma inovação para que a marca não se distancie de sua plataforma original. Nela estão contidos os códigos e ferramentas para não se perder o posicionamento, a essência e a atitude. Todos os demais itens de comunicação, ambientação etc. são desenvolvidos posteriormente e por empresas diferentes, que nem sempre têm a mesma visão ou interpretação da plataforma da marca. As empresas de médio porte são as que mais sofrem com isso por não ter institucionalizado o

cargo do gestor de marca, profissional que deve desempenhar importante papel no GEM.

O GEM é uma plataforma voltada para os gestores da marca e deve ser alimentado diariamente. Também pode ser consultado amplamente pelas equipes envolvidas nos projetos da marca, sempre com senha e *login*. Um gestor (*design thinker*) deve supervisionar o sistema e fazer a mediação necessária. O histórico, propósito da organização devem estar acessíveis para consulta imediata no menu.

Nessa plataforma devem ser apresentados por ordem recente, as aplicações e usos da marca. Em um *frame* é aconselhável que estejam visíveis as últimas aplicações desenvolvidas pelas equipes internas ou contratadas, e em outro *frame*, o *upload* das últimas apropriações feitas por usuários ou admiradores. Para isso, deve ter uma equipe monitorando redes sociais, feiras, eventos etc.

Todos teriam acesso aos arquivos do símbolo, logotipo, cores, que teriam *link* no menu para *download*. Porém, os profissionais envolvidos nos projetos seriam categorizados para acesso à plataforma, separados pelo nível de atuação.

O nível simbólico engloba os profissionais que monitoram os signos visuais, cromáticos, sonoros, sensoriais, elementos gráficos de apoio, estilo e linguagem fotográfica que compõem o universo visual e sensorial da identidade, propondo ajustes quando necessário e vetando alterações e erros.

O nível tático abrange estrategistas de *branding* por excelência, estabelecem relações entre a base institucional, essência, estratégia, e posicionamento, define o sistema de uso dos códigos, as relações e a lógica estabelecida entre eles. Onde e como aplicar o sistema, a forma de comunicar, o que fazer e o que não fazer. Atuam nas decisões de continuidade nos produtos e serviços e extensões.

O nível instrucional apresenta todos os documentos com os devidos descritivos. É o projeto executivo pronto para ser enviado ao fornecedor, em linguagem técnica de cada setor industrial, dentro das normas vigentes, devidamente realizadas pelo profissional licenciado para isso. Todas as artes-finais, plantas e detalhamentos, especificações técnicas e arquivos digitais para procedimentos de produção, envolvendo todas as especificações técnicas desde materiais a acabamentos.

Esses diretórios reservados contêm documentos sigilosos que colocam a marca em plena atuação, nos quais estrategicamente pode haver intervenções para manter a marca no curso ou fazer ajustes de rota. E todos os itens pensados para marca devem ser desenvolvidos com rigor técnico e acompanhamento da produção.

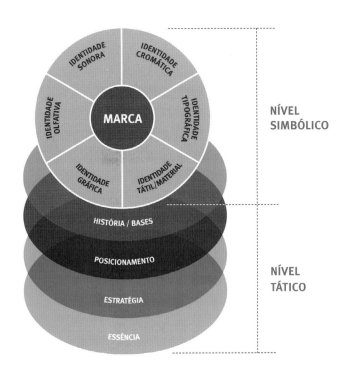

Estrutura organizacional do Guia de Expressão da Marca apresentando os diretórios de planejamento e implantação do sistema de uso das marcas

Para que o projeto da marca seja contínuo é necessário a documentação de todas as ações e materiais desenvolvidos. O acompanhamento sistemático é uma garantia da longevidade da marca e, também, da coerência do seu propósito. Sem isso o projeto se perde, erros acontecem, as aparências das embalagens se alteram visando somente o mercado, e a identidade pode ser corrompida do jeito errado, justamente na reprodução da sua marca (símbolo, logotipo, padrões cromáticos etc.).

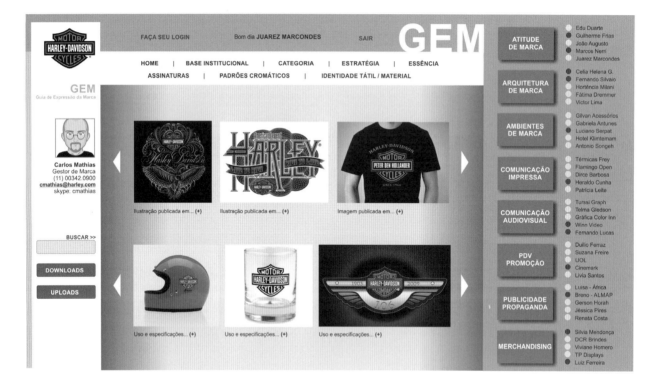

A interface do GEM apresentada acima, de forma ilustrativa, demonstra como a visão ampla da ferramenta permite distribuir as informações e os arquivos executivos diretamente para os profissionais envolvidos no nível operacional. O login e senha são chaves de permissões aos documentos para cada setor.

Interface do GEM concebida somente em caráter ilustrativo para a marca Harley Davidson, demonstra como o monitoramento da marca pode ser feito em tempo real com uma visão geral das informações.

O GEM deve ser "alimentado" diariamente. Além do gestor, uma equipe de observadores da marca deve trazer para dentro do sistema de monitoramento as apropriações e intervenções realizadas pelos consumidores no cotidiano. Tal prática contribui na análise sobre as aspirações dos consumidores. A proposta central do GEM é favorecer o acesso a todas as informações necessárias para o colaborador específico e permitir ao gestor da marca uma visão ampla e sistêmica do processo em tempo real.

Há 50 anos, as aplicações gráficas praticamente eram consideradas como únicos pontos de contato de uma marca, contrários à atual expansão dos canais de comunicação e interações sociais. Tecnologias mudam com o tempo, o que era uma inovação ontem estará obsoleto amanhã. Não podem ser considerada com um importante aspecto de diferenciação, marcas são expressões de significados, são ideologias.

Considerava-se o período de 25 anos para a mudança de uma geração para outra, hoje já se fala de 15 anos. Observar os usuários é uma excelente fonte de informação sobre seus anseios e mudanças de comportamentos diante da vida.

O futuro das marcas começou lá no passado, é um processo contínuo. Serão longevas aquelas que são verdadeiras, que são contribuições para a sociedade. Acompanhar o seu desenvolvimento e decidir, dia após dia, sobre cada ação, cada movimento. É um agir dentro de uma perspectiva ética e estratégica, fazendo correções em tempo real, identificando novas oportunidades para que a marca possa manter sua relevância com "entregas" valorosas a cada um dos seus aficionados, admiradores e usuários.

REFERÊNCIAS

AAKER, David A. **ESTRATÉGIA DE PORTFÓLIO DE MARCAS**. Porto Alegre: Bookman, 2007.

BARBOSA, Lívia; CAMPBELL, Colin (Org.). **CULTURA,CONSUMO E IDENTIDADE**. Rio de Janeiro: FGV, 2006.

BATTISTINI, Matilde. **SYMBOLES ET ALLÉGORIES**. Paris: Éditions Hazan, 2004.

BIEDERMANN, Hans. **ENCYCLOPÉDIE DES SYMBOLES**. Tradução para o francês de Françoise Périgaut. Paris: La Pochothèque, 1996.

BOSCH, Annette L. M. van den. **CORPORATE VISUAL IDENTITY MANAGEMENT: CURRENT PRACTICES, IMPACT, AND ASSESSMENT**. Tese de doutorado, 175f. University of Twente. Enschede, The Netherlands, 2005.

BRINGHURST, Robert. **A FORMA SÓLIDA DA LINGUAGEM**. São Paulo: Edições Rosari, 2006.

BROWN,Tim. **DESIGN THINKING: UMA METODOLOGIA PODEROSA PARA DECRETAR O FIM DAS VELHAS IDEIAS**. Rio de Janeiro: Elsevier, 2010.

BUDELMANN, Kevin; KIM, Yang; WOZNIAK, Curt. **BRAND IDENTITY ESSENTIALS**. Beverly: Rockport, 2010.

CHAVES, Norberto. **LA IMAGEN CORPORTATIVA: TEORIA Y PRÁCTICA DE LA IDENTIFICACIÓN INSTITUCIONAL**. 3. ed. Barcelona: Ediciones G. Gili, 2005.

CLARK, Hugh; WORMULL Thomas. **AN INTRODUCTION TO HERALDRY: CONTAINING THE ORIGIN AND USE OF ARMS; RULES FOR BLAZONING AND MARSHALLING COAT ARMOURS**. London: H. Washbourne, 1854. Digitalizado pela Michigan University, 2007. Disponível em: <http://booksgoogle.com.br>

CONSOLO, Cecilia (Org.). **ANATOMIA DO DESIGN:** UMA ANÁLISE DO DESIGN GRÁFICO BRASILEIRO. São Paulo: Blucher, 2009.

_____. **A IMAGEM [TIPO] GRÁFICA:** POÉTICAS VISUAIS DA COMUNICAÇÃO NA ERA DIGITAL. 2002. Dissertação de Mestrado. Universidade de São Paulo.

_____. **TIPOGRAFIA EN LATINOAMÉRICA** – ORÍGENES E IDENTIDAD. São Paulo: Blucher, 2013.

_____. **MARCAS:** A EXPANSÃO SIMBÓLICA DA IDENTIDADE: ORIGEM DA METODOLOGIA PROJETUAL DAS MARCAS CORPORATIVAS E REVISÃO DOS MÉTODOS DE IMPLANTAÇÃO DOS SISTEMAS DE USOS. 2012. Tese de Doutorado. Universidade de São Paulo.

_____. **AS BASES PARA A CONSTRUÇÃO DE MARCAS ESTÃO NA CONVERSÃO DAS EXPRESSÕES SIMBÓLICAS DA CULTURA**. Lajeado, Brands Trends Journal, v. 3, n. 3, p. 106-120, out/2012. Disponível em:<http://www.brandtrendsjournal.com/index.php/edicoes/edicoes-anteriores/ano-02-vol-03-n-03-outubro-12>.

COSTA, Joan. **LA IMAGEN DE MARCA:** UM FENOMENO SOCIAL Barcelona: Ediciones Paidós, 2004.

CROZIER, William Armstrong. **CROZIER'S GENERAL ARMORY.** New York: Fox, Duffield & Company, 1904.

DE LA PRÉHISTOIRE AU MOYEN ÂGE. Ministère de la Culture et de Communication. Acesso aos documentos administrativos e de informações públicas. Paris: 2011. Disponível em: <http://www.grands-sites-archeologiques.culture.fr>. Acesso em: 10 set. 2011.

FARIAS, Priscila L. **SEMIÓTICA E COGNIÇÃO.** REVISTA ELETRÔNICA INFORMAÇÃO E COGNIÇÃO. São Paulo: v. 1, n. 1, p. 12-16, 1999.

FERRARA, Lucrécia D'Alessio. **COMUNICAÇÃO ESPAÇO CULTURA.** São Paulo: Annablume, 2008.

FLUSSER, Vilém. **O MUNDO CODIFICADO:** POR UMA FILOSOFIA DO DESIGN E DA COMUNICAÇÃO. São Paulo: Cosac Naify, 2007.

_____. **A FORMA DAS COISAS.** Lisboa: Relógio D'água Editores, 2010.

FORTY, Adrian. **OBJECTS OF DESIRE:** DESIGN AND SOCIETY SINCE 1750. London: Thames and Hudson, 1986.

FOWLER, Floyd J. **SURVEY RESEARCH METHODS.** 3. ed. Thousand Oaks: Sage Publications, 2002.

FRASCARA, Jorge. **EL DISEÑO DE COMUNICACIÓN.** Buenos Aires: Ediciones Infinito, 2006.

_____. **DISEÑO GRÁFICO PARA LA GENTE:** COMUNICACIONES DE MASA Y CAMBIO SOCIAL. 2. ed. Buenos Aires: Ediciones Infinito, 2000.

FRUTIGER, Adrian. **REFLEXIONES SOBRE SIGNOS Y CARACTERES.** Barcelona: Editorial Gustavo Gili, 2007.

_____. **SINAIS E SÍMBOLOS:** DESENHO, PROJETO E SIGNIFICADO. São Paulo: Martins Fontes, 1999.

GRANT, Francis J. **THE MANUAL OF HERALDRY.** Edinburgh: Oliver and Boyd, 1948.

HELLER, Steven. **LINGUAGENS DO DESIGN:** COMPREENDENDO O DESIGN GRÁFICO. São Paulo: Edições Rosari, 2007.

HYLAND, Angus; KING, Emily. **INDETITÉS GRAPHIQUES & CULTURALLE.** Paris: Pyramyd, 2006.

_____ ; BATEMAN, Steven. **SYMBOL.** London: Laurence King, 2011.

JAKOBSON, Roman. **LINGUÍSTICA E COMUNICAÇÃO.** 7. ed. São Paulo: Cultrix, 1974.

JEAN, Georges. **A ESCRITA: MEMÓRIA DOS HOMENS**. Rio de Janeiro: Objetiva, 2002.

JORDAN, Patrick W. **DESIGNING PLEASURABLE PRODUCTS.** London: Taylor and Francis, 2000.

KAPFERER, Jean-Nöel. **O QUE VAI MUDAR AS MARCAS.** Porto Alegre: Bookman, 2004.

LAUREL, Brenda. **DESIGN RESEARCH: METHODS AND PERSPECTIVIES** Cambridge: The MIT Press, 2003.

LAVAL, Léon; RAVIDAD, Marcel; MARSAL, Jaques; BREUIL, Henri. Lascaux. In: AUJOULAT, Norbert. Dados e fotografia disponíveis: **CENTRE NATIONAL DE LA PRÉHISTOIRE DE FRANCE** (CNP).

LEROI-GOURHAN, André. **EVOLUÇÃO E TÉCNICAS II – MEIO E TÉCNICAS.** V. 2. Lisboa: Edições 70, 1984.

LINDSTROM, Martin. **BRANDSENSE: A MARCA MULTISSENSORIAL.** Porto Alegre: Bookman, 2007.

MACHADO, Irene (Org.). **SEMIÓTICA DA CULTURA E SEMIOSFERA**. São Paulo: Annablume/FAPESP, 2007.

MALNAR, Joy Monice; VODVARKA, Frank. **SENSORY DESIGN**. Minneapolis: University of Minnesota Press, 2004.

MANDEL, Ladislas. **ESCRITAS**: ESPELHO DOS HOMENS E DAS SOCIEDADES. São Paulo: Rosari, 1998.

MASSIRONI, Manfredo. **THE PSYCHOLOGY OF GRAPHIC IMAGES** – SEEING, **DRAWING, COMMUNICATING.** Mahwah: Lawrence Erlbaum Associates, 2002.

MEGGS, Philip B. **HISTÓRIA DO DESIGN GRÁFICO.** São Paulo: Cosac Naify, 2009.

McDONAGH, Donna et al. **DESIGN AND EMOTION:** THE EXPERIENCE OF **EVERYDAY THINGS**. London: Taylor and Francis, 2004.

MORLEY, Michael. **THE GLOBAL CORPORATE BRAND BOOK.** Hampshire: Macmillan Publishers, 2009.

NEUMEIER, Marty. **THE BRAND GAP** – O ABISMO DA MARCA: COMO CONSTRUIR **A PONTE ENTRE A ESTRATÉGIA E O DESIGN.** Porto Alegre: Bookman, 2008.

NOBLE, Ian; BESTLEY, Russell. **VISUAL RESEARCH**: AN INTRODUCTION TO **RESEARCH METHODOLOGIES IN GRAPHIC DESIGN**. Lausanne: AVA Publishing, 2005.

NORMAN, Donald A. **DESIGN EMOCIONAL:** POR QUE ADORAMOS (OU DETESTA-**MOS) OS OBJETOS DO DIA A DIA**. Rio de Janeiro: Rocco, 2008.

OLINS, Wally. **EL LIBRO DE LAS MARCAS.** Barcelona: Oceano, 2009.

_____. **THE NEW GUIDE TO IDENTITY:** HOW TO CREATE AND SUSTAIN **CHANGE THOUGH MANAGING IDENTITY.** Aldershot: Gower Publishing, 1995.

PASTOUREAU, Michel. **FIGURES DE L'HÉRALDIQUE.** Paris: Gallimard, 1996.

_____. **TRAITÉ D'HÉRALDIQUE.** 5. ed. Paris: Picard Éditeur, 2008.

PRESS, Mike; COOPER, Rachel. **THE DESIGN EXPERIENCE:** THE ROLE OF DESIGN AND DESIGNERS IN THE TWENTY-FIRST CENTURY. London: Ashgate, 2003.

RAPAILLE, Clotaire. **O CÓDIGO CULTURAL:** POR QUE SOMOS TÃO DIFERENTES NA FORMA DE VIVER, COMPRAR E AMAR? 3. ed. Rio de Janeiro: Elsevier, 2007.

RIEL, Cees B. M. Van; BALMER, John M. T. **CORPORATE INDENTITY:** THE CONCEPT, ITS MEASURING AND MANAGEMENT. Bradford: MCB University Press. In: European Journal of Marketing v. 31, n. 5/6, p. 340-355, 1997.

SANTAELLA, Lucia; NÖTH, Winfried. **IMAGEM:** COGNIÇÃO, SEMIÓTICA, MÍDIA. São Paulo: Iluminuras, 1999.

_____. **A TEORIA GERAL DOS SIGNOS:** COMO AS LINGUAGENS SIGNIFICAM AS COISAS. São Paulo: Editora Pioneira, 2004.

_____. **SEMIÓTICA APLICADA.** São Paulo: Pioneira Thomson Learning, 2005.

SILVA, Antônio Carlos da. **AS TEORIAS DO SIGNO E AS SIGNIFICAÇÕES LINGUÍSTICAS.** Partes, ano III, n. 39, nov/2003. Disponível em: <http://www.partes.com.br/ed39/teoriasignosreflexaoed39.htm>. Acesso em: 18 jun. 2008.

_____. **THE HISTORY AND MEANING OF HERALDRY:** AN ILLUSTRATED REFERENCE TO CLASSIC SYMBOLS AND THEIR RELEVANCE. London: Anness Publishing, 2004.

_____. ZNAMIEROWSKI, Alfred. **FLAGS AND HERALDRY.** London: Lorenz Book, 2007.

SOUZA, S. M. R. **IMAGEM GRÁFICA E ELEMENTOS DA GRAMÁTICA VISUAL.** In: CORRÊA, Tupã Gomes; FREITAS, Sidinéia Gomes (Org.). **COMUNICAÇÃO, MARKETING, CULTURA. SENTIDOS DA ADMINISTRAÇÃO, DO TRABALHO E DO CONSUMO**. São Paulo, Centro Lusitano de Cultura (CLC); ECA/USP, p. 123-138, 1999.

SQUIRE, Larry R.; KANDEL, Eric R. **MEMÓRIA: DA MENTE ÀS MOLÉCULAS.** Porto Alegre: Artmed, 2003.

VEYRIN-FORRER, Théodore. **PRÉCIS D'HÉRALDIQUE.** 2. ed. Paris: Edition Larousse, 2000.

VIGNAUX, Georges. **AS CIÊNCIAS COGNITIVAS – UMA INTRODUÇÃO.** Lisboa, Instituto Piaget, Colecção Epistemologia e Sociedade, 1995, 361 p. (Tradução do francês Les Sciences Cognitives – Une Introduction, de Maria Manuela Guimarães. Paris, Édtions La Découvert, 1991).

VISOCKY O'GRADY, Jennifer. **A DESIGNER'S RESEARCH MANUAL**: SUCEED IN DESIGN BY KNOWING YOUR CLIENTS AND WHAT THEY REALLY NEED. Gloucester: Rockport Publishers, 2006.

ZIEBER, Eugene. **HERALDRY IN AMERICA**. Mineola: Dover Publications, 2006.

ZNAMIEROWSKI, Alfred; SLATER, Stephen. **THE WORLD ENCYCLOPEDIA OF FLAGS AND HERALDRY:** AN INTERNATIONAL HISTORY OF HERALDRY AND ITS CONTEMPORARY USES, TOGETHER WITH THE DEFINITIVE GUIDE TO NATIONAL FLAGS, BANNERS, STANDARDS AND ENSIGNS. London: Lorenz Books, 2007.

ÍNDICE DAS IMAGENS

Fig.p.29   Fotografias de registros de mãos. "Cuevas de Las Manos", caverna próxima à cidade de Perito Moreno, província de Santa Cruz, Argentina

Disponível em: <http://www.grands-sites-archeologiques.culture.fr/ressources.php>.
Acesso em: 10 jan. 2011.

Registros fotográficos de marcas como motivos de tatuagens

Fig.p.35   *Disponível em: <http://mattus.web-log.nl/vibe_visual_brand_experie/2009/07/index.html>.*
Acesso em: 16 ago. 2009.

Fig.p.36   *Harley Davidson Tattoo*

Disponível em <http://mailflo.io/blog/6-ways-to-inspire-loyalty-in-your-customers/>.
Acesso em: 20 set. 2014.

Fig.p.48   Ilustração do período Vitoriano apresentando um cavalheiro do clã dos MacLachlan portando traje completo com o tartan.

Disponível em: <http://tartanautority.com/tartan>. Acesso em: 10 dez. 2011.

Fig.p.53   The Dering Roll – armorial produzido entre os anos 1270 e 1280 d.C.

Disponível em: < http://www.bsswebsite.me.uk/History/Dering/deringroll>. Acesso em: 20 set. 2014.

Fig.p.60   Marca *Ferrari*
Marca *Lamborghini*
Marca *Jaguar*

Disponível em: <http://www.brandsoftheworld.com/search/logo/>. Acesso em: 10 dez. 2010.

Fig.p.61   Marca *Claro*

Disponível em: <http://www.brandsoftheworld.com/search/logo/>. Acesso em: 10 dez. 2010.

Fig.p.62   Marcas *Peugeot* – evolução

Disponível em: <http://www.brandsoftheworld.com/search/logo/>. Acesso em: 10 dez. 2010.

Fig.p.63   Marca *UPS* – evolução

Disponível em: <http://www.brandsoftheworld.com/search/logo/>. Acesso em: 10 dez. 2010.

Fig.p.64   Marca *Volkswagen*
Nova marca *Flexiv*
Marca *Itaú*

Disponível em: <http://www.brandsoftheworld.com/search/logo/>. Acesso em: 10 dez. 2010.
Disponível em: <http://www.flexiv.com.br/empresa.asp>. Acesso em: 20 ago. 2011.

Fig.p.65   Imagem do escudo e brasão real da Monarquia britânica

Disponível em: <http://www.royal.gov.uk/HistoryoftheMonarchy/KingsandQueensofEngland/King-sandQueensofEngland.aspx>. Acesso em: 10 dez. 2009.

Fig.p.66	Marca *Enem* Marca *Parque da Juventude*
	Disponível em: < http://www.brandsoftheworld.com/search/logo/>. Acesso em: 20 nov. 2011.
Fig.p.67 **Fig.p.68**	Marca bordada da *CBF*
	Disponível em <http://www.prorrogacao.com.br/relembre-as-camisas-do-brasil-na-copa-america/>. Acesso em: 10 jun. 2015.
Fig.p.69	Marca do canal de TV a cabo *Nickelodeon*
	Disponível em: <http://www.underconsideration.com/mt_bn/mt-search.cgi?IncludeBlogs=9&search =nickelodeon>. Acesso em: 20 nov. 2011.
Fig.p.70	Marca *Nike Football* Marca *Ducati*
	Disponível em: <http://www.brandsoftheworld.com/search/logo/>. Acesso em: 20 nov. 2010.
Fig. p.78-80	Marca *AEG* – original e identidade corporativa
	Disponível em: <http://www.aeg.com/en/About-AEG/History/>. Acesso em: 20 nov. 2010.
Fig.p.81	Marca *ABC*, 1965 Marca *Westtinghouse*, 1960 Marca *IBM*, 1956 e 1974
	Disponível em: <http://www.brandsoftheworld.com/search/logo/>. Acesso em: 20 nov. 2010.
Fig.p.83-90	Pictogramas e Tabela 1
	Concepção e design de Cecilia Consolo
Fig. p.92, 94, 96	Imagens referentes a marca *Zen* e páginas do manual de identidade visual oficial
	Autoria do projeto e registros fotográficos de Cecilia Consolo
Fig.p.103	Loja conceito da marca *M&Ms* – Las Vegas - 06 julho de 2015: fachada da loja da M & M Mundial. A abertura desta primeira loja foi em 2007, logo em seguida a de Nova York, Orlando e por último em Londres.
	Foto do acervo da Mars Incorporated. Disponível em <hhttp://www.shutterstock.com/gallery--85814p1.html?cr=00&pl=edit-00">GTS Productions</a> / <a href="http://www.shutterstock.com/editorial?cr=00&pl=edit-00">Shutterstock.com</a>. Acesso em: 08 set. 2015.
Fig.p.110-113	Tabela 2
	Concepção e design de Cecilia Consolo
Fig.p.119	Marca *Nike Football* – imagens do *brand book*
	Disponível em: <http://issuu.com/logobr/docs/brandbook_nikefootball>. Acesso em: 20 jan. 2011.
Fig.p.121	Imagens do redesign da garrafa da *Coca-Cola* em Alumínio – *Visual Identity Sistem* design do escritório T*urner Duckworth*, Londres & San Fracisco
	Disponível em: <http://www.canneslions.com/winners/design/win_1_1.htm>. Acesso em: 10 jan.2012.
Fig.p.122	Campanha de verão da *Coca-Cola* com o tema mundial: "Compartilhar uma *Coca-Cola*." A *Coca-Cola* trocou seu logotipo por aproximadamente 250 dos nomes mais populares do país entre os adolescentes e os Millennials
	Swindon, United Kingdom - January 18, 2015: Cans of Coca-Cola, Share a Coke With Dude and Mate with a Classic Coke Bottle on a white background produced for the Share a Coke promotion.

MARCAS DESIGN ESTRATÉGICO **Índice das imagens**

Fig.p.129	Marca *MTV* Marca *MIT Media Lab* *Disponível em: <http://www.underconsideration.com/brandnew/archives/mit_media_lab_full_of_squares.php>. Acesso em: 20 jan. 2011.*
Fig.p.131	Marca *Volkswagen* *Disponível em: <http://www.brandsoftheworld.com/search/logo/>. Acesso em: 10 dez. 2010.*
Fig.p.132	Marca *Alfa Romeo* – evolução *Disponível em: <http://www.brandsoftheworld.com/search/logo/>. Acesso em: 10 dez. 2010.*
Fig.p.134	Embalagem comemorativa dos 50 anos da sandália Havaianas *Disponível em: < http://www.camargocorrea.com.br/grupo-camargo-correa/comunicacao/noticias/alpargatas-empresa-do-grupo-camargo-correa-celebra-50-anos-da-marca-havaianas.html >. Acesso em: 20 nov. 2014.*
Fig.p.138	Registros fotográficos do novo projeto de design de ambiência das unidades do *Banco Bradesco.* Projeto da *Batagliesi Design* Marca *Makita* – aplicação *Disponível em: <http://www.batagliesi.com.br/hotsite/>. Acesso em: 10 jan. 2012.*
Fig.p.139	Ambientação da loja conceito da marca *Havaianas* na rua Oscar Freire, São Paulo, Brasil *Disponível em: <http://arcoweb.com.br/projetodesign/arquitetura/isay-weinfeld-loja--sao-03-03-2010) Acesso em: 20 nov. 2014*
Fig. p.140-144	Tabela 3 *Concepção e design de Cecilia Consolo*
Fig. p.145-148	Tabela 4 *Concepção e design de Cecilia Consolo*
Fig. p.150-153	Diagramas explicativos dos processos de acompanhamentos da marca *Concepção e design de Cecilia Consolo*
Fig.p.154	Diagrama da interface gestão do GEM, concebido como exemplo, para a marca Harley-Davidson. *Concepção e design de Cecilia Consolo. Imagens dos produtos oficiais. Disponível em: <http://www.harley-davidson.com/. Imagens externas elaboradas por terceiros: Criação Typografica por Bobby Haiqalsyah. Disponível em: <http://www.downgraf.com/inspiration/creative-typography-bobby--haiqalsyah/>.*
Fig.p.16-17 p.24-25 p.44-45 p.74-75 p.104-105 p.124-125	Vetores de marcas mundiais, nacionais, e marcas da Consolo e Cardinali Design selecionadas para ánalise *Disponível em: <http://www.brandsoftheworld.com/search/logo/>. Acesso em: 10 dez. 2010.*

"Todos os esforços foram feitos para encontrar e contatar os detentores dos direitos autorais das imagens utilizadas neste livro. Pedimos desculpas por eventuais omissões involuntárias e nos comprometemos a incluir os devidos créditos e corrigir possíveis falhas em edições subsequentes."

*Um agradecimento mais que especial
para Luciano Cardinali, por todo apoio, e por tudo.*

CONTATO COM A AUTORA:

ceciliaconsolo@gmail.com

CONTEUDO ADCIONAL DO LIVRO, COMENTÁRIOS EM:

www.marcasdesignestrategico.com.br

cólofon

Texto composto em **The Sans Font Family,** 10,5/13 pt.
Títulos e subtítulos foram compostos em **Meta Font Family**.
Impresso pelo processo de offset sobre papel couche 150g/m².
Impresso em São Paulo, setembro de 2015.